Max Büdinger

Lafayette in Österreich

Eine historische Untersuchung

Max Büdinger

Lafayette in Österreich
Eine historische Untersuchung

ISBN/EAN: 9783743405844

Hergestellt in Europa, USA, Kanada, Australien, Japan

Cover: Foto ©ninafisch / pixelio.de

Weitere Bücher finden Sie auf **www.hansebooks.com**

LAFAYETTE

IN ÖSTERREICH

EINE HISTORISCHE UNTERSUCHUNG

VON

MAX BÜDINGER
WIRKL. MITGLIEDE DER KAISERLICHEN AKADEMIE DER WISSENSCHAFTEN.

― ― ―

WIEN, 1878.
IN COMMISSION BEI KARL GEROLD'S SOHN
BUCHHÄNDLER DER KAIS. AKADEMIE DER WISSENSCHAFTEN.

Aus dem Octoberhefte des Jahrganges 1878 der Sitzungsberichte der phil.-hist. Classe der
kais. Akademie der Wissenschaften (XCII. Bd., S. 227) besonders abgedruckt.

**Fournier
Collection**

DEM ANDENKEN

SEINES VEREWIGTEN VÄTERLICHEN FREUNDES

J. ROTHFELS

ZU KASSEL

(† 12. NOVEMBER 1873)

NACH ALTER ZUSAGE

GEWIDMET

VON DEM VERFASSER.

Für die gütige Bereitwilligkeit, mit welcher mir alle hieher gehörigen Acten der Wiener k. k. Sammlungen: des geheimen Haus-, Hof- und Staatsarchives, des Reichskriegsministeriums und des Ministeriums des Innern zu benutzen gestattet wurde, glaube ich an dieser Stelle noch meinen wärmsten Dank aussprechen zu müssen.

Die Orthographie der Originalien habe ich beibehalten; die Interpunction und die Accente habe ich mir zu verbessern gestattet.

Mehr als die grossen politischen Bewegungen der Zeit
hat im Herbste des Jahres 1797 Lafayette's Entlassung aus
österreichischer Haft die Gemüther vieler Zeitgenossen in
Europa und Amerika beschäftigt. Sein Empfang in Dresden,
in Leipzig und vollends in Halle, wo auch Studenten ihm eine
Nachtmusik brachten, bezeugte die wärmste Theilnahme der
Bevölkerung;[1] der bei dem Baumhause in Hamburg wird von
Augenzeugen als der eines Befreiers oder Siegers geschildert.
‚Bei jedem Schritte die Stufe hinan erfuhr er neue Umarmungen
und Händedrücke'.[2]

Wir werden anderseits noch zu erörtern haben, wie sorgfältige Rücksichtnahmen von Seiten der österreichischen Regierung genommen wurden, ihm die Reise zu erleichtern und jede
peinliche Erinnerung zurückzudrängen.

Der Befreite erschien aber als ein Wesen, das trotz alledem weder in Oesterreich noch in Deutschland oder Frankreich
— wie wir noch sehen werden — geduldet werden könne.
Ueberdies hatte, die Seltsamkeit seiner Stellung zu vermehren,
selbst sein hochverehrter Freund Washington als damaliger
Präsident der Vereinigten Staaten vor zwei Jahren längere Zeit
Anstand genommen, auch nur Lafayette's Sohn zu empfangen
in ‚Erwägung', wie er selbst schrieb, ‚des gehässigen Lichtes,

---

[1] Mémoires (= mémoires correspondance et manuscrits du général Lafayette.
Paris 1837—38, 6 vols.) IV 301. — Die Nachricht aus Halle in Anhang P.
[2] Varnhagen von Ense, Denkwürdigkeiten des eigenen Lebens (Leipzig 1871)
I, 176. Die Frau des französischen Ministers Reinhard in Hamburg, eine
geb. Reimarus, schreibt 7. October 1797: ‚Lafayettens Reise durch Deutschland hat gewiss der Sache der Freiheit wichtige Dienste geleistet. Ueberall
stürzte man hervor, um dies Opfer, das dem scheusslichsten Despotismus
endlich entrissen war, zu sehen'. Wattenbach, Heidelberger Jahrbücher
1870, S. 729. Hier wird auch S. 732 mitgetheilt, dass einer seiner Verehrer, der doch unter Hoche in der Vendée gedient hatte, ihm bis Peterswalde in Böhmen entgegenreiste, um ihm als Dolmetscher zu dienen.

constituirenden Nationalversammlung aber nach Luxemburg zu weiterm Verfahren abgeführt. Ausser Lafayette selbst und seinen treuen Freunden oder gräflichen Gefolgsleuten, dem General Latour-Maubourg und dem Hauptmann Bureaux de Puzy [1] gehörte auch ihr politischer Gegner Alexander Lameth in diese Kategorie, der sich ihnen als Flüchtling zufällig angeschlossen hatte. Am 4. September scheinen sie in Luxemburg angelangt zu sein.[2]

Eine Commission der gegen Frankreich vereinigten Mächte, welcher aber auch ein Emigrant als Vertreter des Königreichs Frankreich angehörte, verurtheilte ihn zur Gefangenschaft. Seine Bewachung übernahm die preussische Regierung.

Am preussischen Hofe aber hatte er, abgesehen von dem Wohlwollen der Schwester des Königs, der Prinzessin Wilhelmine von Oranien, für seine Gemahlin,[3] an deren Oheime, dem Prinzen Heinrich, einen damals freilich von den politischen Geschäften fern gehaltenen Freund, dessen Treue doch, so viel man weiss, nie wankend geworden ist.[4]

‚Das Widrige der Massregel‘ seiner Gefangenschaft mochte aber im Anfange des Jahres 1794 die preussische Regierung nicht länger vertreten.[5] König Friedrich Wilhelm II. sprach freilich auch von ‚dem österreichischen Hasse‘ gegen den Gefangenen;[6] auf alle Fälle ist aber seine Auslieferung an Oesterreich nicht von dieser Macht begehrt worden.

---

[1] In den Mémoires stets: Pusy. Er hat auf seinen Grafentitel trotz der Revolution nie, wie Maubourg, ganz verzichtet. Vgl. unten S. 259.

[2] Brief vom 3. September (Mémoires IV, 215): Nous arrivons demain à Luxembourg. Am 16. sind die Gefangenen bereits in Coblenz.

[3] Doch auch sie: sans donner aucune espérance positive. Lasteyrie, vie de Mme de Lafayette (Paris 1869) 278.

[4] Lafayette 48. Die noch immer ungedruckte Correspondenz des Prinzen mit Lafayette und über denselben wird voraussichtlich auch in der Auslieferungsfrage weitere Aufschlüsse geben.

[5] Diese, Lafayette S. 37, gegebene Auffassung muss ich nach Einsicht der Acten freilich festhalten, nicht ganz die, dass die österreichische Regierung ‚die Bewachung aus eigener Ueberzeugung‘ übernahm; eine ‚Schwäche gegen französische Hofleute‘, die ich supponirte, muss ich nunmehr vollends für unerweislich erklären.

[6] Mémoires IV, 264: ‚La haine Autrichienne‘. Dazu in dem Briefe der Frau von L. an Madame de Tessé. (Mémoires IV, 275): Le roi de Prusse a

Vom 25. Februar 1794 liegt vielmehr ein Bericht des Ministers Thugut an den Kaiser Franz vor,[1] in welchem derselbe an ‚das wiederholt geäusserte Begehren des königlich preussischen Hofes, von der fernern Gefangenhaltung des Lafayette's und seiner Mitgesellen enthoben zu werden' erinnert. Er äussert persönlich über die Rathsamkeit, auf das Begehren einzugehen, keine Meinung, erbittet sich vielmehr nur einen ‚bestimmten' kaiserlichen Befehl. Wir werden noch sehen, wie vollkommen begründet seine Bedenken waren. Der Kaiser aber theilte dieselben auf alle Fälle nicht. Indem er die Uebernahme genehmigte, bezeichnete er die drei Verhafteten — denn Alexander Lameth ward wegen Krankheit nicht mit übernommen — als ‚Kriegsgefangene'. Er wollte dieselben sonach nur kraft des Rechtes übernehmen, das ihm ihre Anhaltung am 19. August 1792 durch seine Truppen gewährte. Er wollte somit den Beschluss der Coalition über ihre Gefangenhaltung ignoriren, obwohl Lafayette selbst sich bereits am 3. September 1792 keine Täuschung darüber machte, dass er Staatsgefangener sei.[2] In der That betrachtete aber die preussische Regierung die ihrer Hut Anvertrauten als ‚französische Staatsgefangene' und hat sie auch nur als solche endlich übergeben.[3]

Das Wiener auswärtige Amt schrieb nur in allgemeiner Form an den kaiserlichen Gesandten Grafen Lehrbach in Berlin am 27. Februar 1794:[4] ‚Herr Marquis Lucchesini hat hier öfters im Namen des Königs in Preussen den Wunsch geäussert und uns angegangen, dass Seine k. k. Majestät den Marquis

---

écrit à Madame de Maison-Neuve que ce n'était pas lui, mais l'empereur qui était cause de leur détention; l'empereur m'a dit que ce n'était pas lui, mais le roi de Prusse. (Vgl. unten S. 240, Anm. 4.)

[1] Anhang B.

[2] Nous-avons pris toutes les manières non plus de prisonniers de guerre, ce qui serait absurde, mais de prisonniers d'État, ce qui s'explique par la constitution des baionnettes. Mémoires III, 215.

[3] So bezeichnet sie das von dem ‚Hauptmann Fritze vom königlich preussischen Mineurcorps' und dem ‚Auditeur Wischke vom königlich preussischen Gouvernement zu Neisse' am 17. Mai 1794 in ‚Zugmantel' unterzeichnete Uebergabsprotokoll (Registratur des Reichskriegsministeriums 1794, Dep. Lit G, n. 1063).

[4] Friedensacten, Fascikel 67, Repert. Z. Mission nach Berlin. Staatsarchiv.

La Fayette und diejenigen, die mit ihm damals in Gefangenschaft geriethen, Anfangs in Wesel und nun in Schlesien verwahrt werden,[1] in die k. k. Staaten übernehmen möchten. Da S. Maj., um auch in diesem Falle sich dem Könige gefällig und eine freundschaftliche Rücksicht zu bezeigen, in dieses Ansuchen zu willigen geruhten, so ermangle ich nicht, E. Exc. mit der Bemerkung hievon zu benachrichtigen, dass dieselben dem kön. preuss. Ministerio diese willfährige Entschliessung zu eröffnen und zugleich mit demselben, was bei Uebergabe, Transport und Uebernahme diesfalls zu beobachten wäre, die Verabredung zu pflegen haben'.

Dennoch verzögerte sich die Angelegenheit bis zum 22. April 1794, von welchem Tage die von Finkenstein und Alvensleben gezeichnete Note datirt ist, durch welche der Abschluss der Sache Lehrbach mitgetheilt wurde.[2] Die Verzögerung wurde von dem Wiener Cabinet nicht erwartet, so dass der Truppencommandant von Mähren bereits am 27. März dem Gesandten in Berlin den mit der Uebernahme ,der Gefangenen' in Troppau betrauten Officier bezeichnete.[3] Noch einmal hat sich dann die Uebergabe verzögert, bis die Abführung aus Neisse am 17. Mai 1794 erfolgte, sie in Zuckmantel der österreichischen Escorte übergeben und am folgenden

---

[1] Von der Haft in Magdeburg, die doch ein Jahr, während die in Wesel nur drei Monate dauerte, ist keine Rede.

[2] Bericht Lehrbach's vom 25. April a. a. O. Staatsarchiv. Die Auswahl der geeigneten Festung und die Einrichtung der Haftlocalitäten trug freilich auch zur Verzögerung bei, wie ein Schreiben des Commandirenden von Mähren Feldmarschall Botta an Lehrbach vom 25. April in der Registr. des Reichskriegsministeriums a. a. O. beweist.

[3] F.-M. Botta an Lehrbach: ,des Olivier Wallis'schen Regiments Hauptmann Soreth in der Gränzstadt Troppau die Gefangenen übernehmen wird'. Ebenda. — Er übernahm sie in Zuckmantel (vgl. oben S. 233 Anm. 3) und brachte sie nach einer Meldung Botta's vom 20. Mai (Reg. des Reichskriegsministeriums a. a. O.) am 18. Mai Abends halb elf Uhr in die Olmützer Haft. Nach dem preussischen Verzeichnisse im Staatsarchive hatten Lafayette zwei, Latour-Maubourg und Bureaux de Puzy je einen Diener in die Gefangenschaft mitnehmen dürfen. In der Rubrik ,was sie täglich an Diäten erhalten', sind für die drei Herren je 2 Thaler, für die Diener je 8 Groschen angegeben. Die Diäten werden nach dem für gefangene höhere Officiere bestimmten Maasstabe berechnet sein.

Abend nach Olmütz gebracht wurden. Kaiser Franz gab nur im Allgemeinen den Befehl, die Gefangenen mit Humanität und mit den Aufmerksamkeiten für ihre Erleichterung und ihre Gesundheit zu behandeln, welche mit ihrer Lage verträglich seien.[1] So wurden sie nach Olmütz geführt und dort gehalten.[2]

Nicht ohne Bedeutung ist nun die Bezeichnung, welche Lafayette in den Acten des über die wahre Bedeutung seiner Gefangenschaft voraussichtlich doch gut unterrichteten Polizeiministers Grafen Pergen gegeben wird. Er erscheint hier im Herbste 1794[3] als ‚der in der Festung Ollmütz in Verwahrung gehaltene französische Staatsgefangene'. Von dem europäischen Aufträge ist also auch hier nicht wieder abgesehen und die Haft, wie in Preussen, als in Vertretung der Emigrantenregierung vollzogen aufgefasst. So viel ich sehe, ist das aber des leitenden Staatsmannes Thugut Ansicht niemals gewesen.

Noch war kein Jahrzehnt verstrichen, seit Lafayette zum ersten Male in Oesterreich geweilt hatte. Damals, im September 1785, war er, noch im vollen Glanze seiner fürstlichen Lebensstellung und seines amerikanischen Kriegsruhmes, Gast im Kaunitz'schen Palais in Wien gewesen, hatte die Wiener Freimaurerloge mit seinem Besuche beehrt[4] und den Manövern bei Prag beigewohnt. Vielleicht hat bei den zu allen Zeiten ungewöhnlich gewesenen Freiheiten, die man zunächst dem Gefangenen liess, die Erinnerung an die Beziehungen mitgewirkt, welche er damals anknüpfte. Er durfte selbst Spazier-

---

[1] — avec humanité, et des attentions pour leur soulagement et leur santé compatibles avec leur position. Instruction Thugut's an Chastelor im Anhang D.
[2] Das Nähere Lafayette 44. Speciell verfügte ‚in Abwesenheit S. M. des Kaisers' Erzherzog Leopold, schon am 6. Mai 1794, dass die Gefangenen wie in Preussen, im Uebrigen wie Beurnonville gehalten werden sollten, dem unter Anderm Spazierfahrten gestattet waren. Regiostr. des Reichskriegsministeriums a. a. O.
[3] Registratur des ehemaligen Polizeiministeriums: ‚Acten des in der Festung Ollmütz in Verwahrung gewesenen französischen Staatsgefangenen la Fayette und dessen Wiedereinbringung betr.'
[4] G. Brabée, sub rosa, vertrauliche Mittheilungen aus dem maurerischen Leben unserer Grossväter. Wien 1879 (Rosner), S. 12.

fahrten in Begleitung nur eines Corporals unternehmen, dem erst nach einem Wechsel im Festungscommando noch ein Gemeiner beigegeben wurde.¹

Es kann mich in diesem Zusammenhange sein Fluchtversuch vom 8. November nicht weiter beschäftigen, über welchen die Acten (vgl. Anhang C) bis in alle Einzelheiten eine vollkommen authentische Kunde geben.² Selbstverständlich trat nach dem Missbrauche der ihm gewährten Freiheiten eine grössere Strenge der Bewachung ein und wurden alle mit derselben betrauten Militärpersonen bestraft.³ In wie seltsamer Lage sich aber die kaiserliche Regierung ihrem europäischen Auftrage gegenüber befand, zeigt schon die Thatsache, dass der enthusiastische junge Mediciner aus Südcarolina und der unruhige deutsche Literat, welche den Fluchtversuch veranlasst hatten, nach harter Untersuchungshaft, mit halber Einrechnung der ihnen zuerkannten einmonatlichen Gefängnissstrafe, und gegen Ersatz der dem Aerar bereiteten Kosten, freigelassen wurden.⁴

---

[1] Die seltsame Thatsache erfährt man zuerst aus der Aussage des Kutschers (Anhang C, n. 2) und wird in dem Vortrage des Hofkriegsraths an den Kaiser (Anhang C, n. 5) auch besonders gerügt.

[2] An die Stelle der drei sich vielfach widersprechenden Berichte der Betheiligten (vgl. Lafayette 45 f.) treten diese entscheidenden Nachrichten.

[3] Doch lehnte der Kaiser den Antrag ab, den wieder eingebrachten Flüchtling drei Monate in Eisen zu legen, während er im Uebrigen die ‚angetragenen Beahndungen derjenigen, die durch ihre Schuld zur Erleichterung der versuchten Flucht des La Fayette beigetragen haben' bestätigte. Eigenh. Resolution auf den Vortrag vom 16. Jänner 1795 bei einem Schreiben des Hofkriegsrathspräsidenten Grafen Wallis an Thugut vom 29. Jan. 1795. Staatsarchiv. Die Bestrafung der Militärs s. in Anhang C, n. 5.

[4] ‚Diese wunderbare Milde' sucht Varnhagen in den ‚Denkwürdigkeiten Bollmann's', (ausgewählte Schriften Leipzig 1875, XVII, 215) durch weibliche und fürstliche und freimaurerische Einwirkungen und daraus zu erklären, dass ,die österreichische Regierung im Praktischen von jeher einen freien Geist gezeigt, der bei ausserordentlichen Dingen nicht karg am Hergebrachten haftet'. Ueber die abweichende Erzählung einer Verwandten des andern Gefangenen Huger, die er in Uebersetzung bringt, urtheilt er mit wesentlich ablehnender Kritik (S. 250); gewiss scheint nur, dass Huger bei seiner Entlassung von einem Juristen um 50 Goldstücke geprellt wurde. Da der verdiente Geschichtschreiber hervorragender Deutscher in Amerika, Herr Dr. Friedrich Kapp, eben mit einem Leben des Hauptbetheiligten, des Dr. Bollmann, beschäftigt ist, so ist zu wünschen, dass ihm aus Bollmann's Papieren eine Aufklärung über diese Sache

Thugut seinerseits erklärte am 18. December 1796 ausdrücklich und rückhaltslos sein Bedauern, dass man sich von Seiten Oesterreichs überhaupt auf Lafayette's Uebernahme eingelassen habe. Er wünschte, dass England fortan seine Bewachung übernehmen oder nach geschehener Auslieferung seine Freilassung in London verfügen möge.[1] Die englischen Minister

---

gelingen möge. In den Wiener Archiven sind über den Ausgang des Prozesses trotz vieler Bemühungen keine anderen Nachrichten zu finden gewesen, als die in Anhang C, n. 6 enthalteuen, so dass man annehmen muss, die beiden jungen Leute seien nur wegen der Rauferei mit dem Corporal Platzer bestraft worden, hätten aber wegen der versuchten Entführung eines spazieren gehenden Mannes, der in fremdem Auftrage in österreichischer ‚Verwahrung‘ war, nicht criminell behandelt werden können. Ob sich die Acten des Olmützer Criminalgerichtes, dem sie übergeben wurden, noch in Brünner oder Olmützer Registraturen erhalten haben, muss ich weiterer Forschung überlassen.

[1] Thugut contradicts the account of ill treatment, expresses the wish, that they had never had anything to do with him (Lafayette) and assures me, that Madame de Lafayette may leave the prison whenever she pleases, but that she must not be permitted to go backwards and forwards. I solicit his release, but find that it is in vain. He says, that probably he will be discharged at the peace. To which I reply, that I never had any doubt of that and had taken upon me long ago to give such assurances, but that I wish, it were done sooner. And add that I am sure, it would have a good effect in England giving my reasons. He says, that if England will ask for him, they will be very glad to be rid of him in that way and that they may, if they please turn him loose in London. Morris diary (Sparks life of Morris I, 444). Der dieser Unterredung entsprechende Brief des in politischen Dingen mit wahrhaft wunderbarem Weit- und Scharfblicke ausgestatteten Verfassers der Constitution der Vereinigten Staaten (Sparks, Morris I, 283—286 und 326), Gouverneur Morris, an Lord Grenville ddo. Vienna December 21st. 1796, besagt in der entscheidenden Stelle: I mentioned to M. de Thugut the situation of M. de Lafayette and found that they wished they never had taken him and would now be glad to get rid of him, but see no way, in which it can be done conveniently. I proposed his liberation in a moment of rejoicing for any good news (nämlich von der Armee); but this did not seem to take. He told me, however, that if England would ask for him, they would readily give him up and the king might, if he pleased, turn him loose in London. Now, my lord, I wish you to consider, that when peace takes place, he will of course be liberated and go to America. He will have more or less influence there. I believe, he will have a good deal. You may, if you please, send him thither under such a weight of notorious obligation, that he shall be

hätten aber ihrerseits nach der öffentlichen Stimmung das Amt auch nicht wohl acceptiren können, das ihnen noch bei eines weit gefährlicheren Gegners ihres Reiches, bei des ersten Napoleon, Bewachung, gar mancherlei Beschwerlichkeiten verursacht hat. Und so blieb die österreichische Regierung mit der einmal übernommenen Verpflichtung beladen.

Inzwischen geriethen Thugut und bis zu einem gewissen Grade Kaiser Franz selbst mit dieser Haftfrage in steigende innere und äussere Verlegenheiten.

Als die eigentlichen Herren von Lafayette's Geschick betrachteten sich, auch wegen des europäischen Beschlusses —

---

incapable of disserving you. And, if you take him now, there are two supposable cases, in which, if he were twenty times a Frenchman, he would be inclined to serve you: viz. a restoration of the titular monarch, or the full establishment of the present rulers of his country. In all cases you would do an act agreeable to America, which cost you nothing. (Dieser Satz, in welchem mehr der Tabakhändler als der Staatsmann Morris spricht, konnte schon allein Grenville dem ganzen Plane entfremden); and I am sure, you are not to learn, that such things propitiate more the minds of men, than more solid services, which, however they may promote the interests, seldom fail to wound the pride of the obliged party. Should you incline to this measure, the least hint would induce the American minister to request it on the part of the United States; unless (which I should deem the better mode) you did it of your own motive. The effect would then be great even in France; for though he is now of no importance there, that nation is highly sensible to every act of nobleness and generosity. (Sparks, Morris III, 99.)

Ich habe mit Unrecht früher daran gezweifelt (Lafayette 60), dass es Thugut mit seinem Wunsche Ernst gewesen sei. Aus dem schon Lafayette 59 citirten Briefe des Duc de Liancourt bei Sparks (Washington XI, 490) ergibt sich seltsamer Weise, dass die kaiserlichen Minister gerade bei England durch Lafayette's Freilassung Verdacht zu erregen fürchteten.

Bei diesem Anlasse glaube ich denn aber doch der Hoffnung Ausdruck geben zu sollen, dass statt des für den „general reader" nach Sparks' Ausdruck (I, 295) in dessen patriotisch-literarischer Manier gefertigten Auszuge aus Gouverneur Morris' Tagebuche dieses selbst und dazu die europäische Correspondenz ganz vollständig gedruckt werden mögen. Dass das dreibändige Werk so ganz vergriffen und Gandais' französischer Auszug so unbrauchbar ist, sollte das neue Unternehmen ermuthigen. Diesen wahrhaft universalhistorischen Geist, der die Begebenheiten von 1775 bis 1816, meist als praktischer Staatsmann und in den bedeutendsten Verbindungen, in Reden und Briefen schilderte, wird man erst nach einer solchen vollständigen Publication ganz würdigen können.

und bis zu einem gewissen Grade, wie wir sahen, mit Recht
— die französischen Emigranten. Einer derselben sprach noch
am 26. October 1796 in einem Wiener Salon gegen Morris die
Hoffnung endlicher Hinrichtung des Gefangenen aus.[1]

Der kühne, überzeugungsvolle und scharfsichtige Leiter
der kaiserlichen Politik mochte nun freilich nach näherer Bekanntschaft
mit dem ganzen Emigrantenthume nichts mehr
zu schaffen haben. Er empfahl schon am 8. Juni 1793 dem
Kaiser die grösste Zurückhaltung gegenüber dem Baron Rolle,
dem Agenten des Quasi-Prätendenten — denn noch lebte
Ludwig XVII. — des Grafen von Provence, Ludwigs XVIII.
Hätte er sich von den kläglichen Utilitätsrücksichten der
Dutzendminister leiten lassen, so würde sein Rath dem Monarchen
gegenüber anders gelautet haben. Denn die Aristokratie
verabscheute ihn[2] ohnehin mit wenigen Ausnahmen. Aber wie
hoch auch Kaiser Franz seinen Rath schätzte,[3] selbst, nachdem
er genöthigt worden war, ihm die Geschäftsleitung zu entziehen,
so scheint er ihn doch den Emigranten gegenüber nur zum
Theil befolgt zu haben. Eben einen der wenigen fürstlichen
Bewunderer Thugut's, den Grafen von der Marck, hat er im
April 1795 in tiefstem Geheimnisse an den Prätendenten nach
Verona gesendet, um demselben von seinem Entschlusse, die
Sache desselben zu unterstützen,[4] Nachricht zu geben. Auf
alle Fälle wurde freilich hiermit trotz der spätern Familienallianz
mit Napoleon I. der tiefen Verstimmung vorgebeugt,
welche Ludwig's XVIII. sich sonst leicht bemächtigte.

Aber nicht nur die Emigranten hatten in Lafayette's
Sache Partei ergriffen und zwar gegen den Gefangenen. In
ganz unerwarteter Weise erhoben sich Schwierigkeiten zu

---

[1] Lavau-Pallière — seems to flatter himself, that there is yet some chance of getting him hanged. Sparks, Morris I, 437.
[2] Vivenot, vertrauliche Briefe I, 19.
[3] In einem Gespräche mit König Friedrich Wilhelm II. von Preussen am 16. Februar 1797 gab Morris die gemeinsame Besorgniss vor Russland als das wahre Bindemittel ihrer Freundschaft an: I had stated the interest, which makes him and the emperor good friends to be their mutual apprehensions from Russia (Sparks, Morris I, 453).
[4] De la Marck, correspondance I, 189 (Brüsseler Ausgabe).

seinen Gunsten, als die am 22. Januar 1795[1] aus den Kerkern des Nationalconventes entlassene Gemahlin des Gefangenen im September d. J. mit ihren beiden Töchtern in Wien erschien. Theils durch die alten Verbindungen der Familie ihres Vaters, der Noailles, theils durch die ihrer Freundin der Prinzessin Auguste von Arenberg, Gräfin von der Marck, wusste sie bei einigen der grössten Familien des Reiches Sympathien für ihre Sache zu erwecken.[2] Durch den greisen Oberstkämmerer Fürsten Wolfgang Franz Xaver Rosenberg, ohnehin einen lebhaften Gegner der Thugut'schen Politik[3] wurde sie insgeheim bei dem Kaiser eingeführt, von ihren Töchtern begleitet. Die Freilassung ihres Gatten erklärte Kaiser Franz, da seine Hände gebunden seien und die Angelegenheit nicht von ihm allein abhänge, für unmöglich. Ihrem Wunsche, mit ihren beiden Töchtern seine Gefangenschaft theilen zu dürfen, willfahrte er.[4] ‚Unter anderem sagte er zu ihr, dass sie wohl thäte, dass er an ihrer Stelle ebenso handeln würde'.[5] In jedem Momente konnten die Frauen, welche seit dem 16. October[6] 1795 die Olmützer Haft theilten, dieselbe verlassen; aber in dieselbe zurückzu-

---

[1] Lasteyrie, vie de Mme de Lafayotte 334.
[2] Sie war an eine Schwester des Grafen empfohlen und: elle revit Mmes d'Ursel et de Windischgratz, parentes de Mme Auguste d'Arenberg. — Elle reçut de ces dames les plus touchantes marques d'amitié. Auch in einem Briefe aus der Olmützer Haft an den Vicepräsidenten des Hofkriegsrathes Grafen Ferraris sendet sie: mille tendres compliments pour Mmes de Windischgratz et d'Ursel. A. a. O. 352, 355, 569.
[3] Besonders bezeichnend ist nach seinem am 14. November 1796 erfolgten Tode Thugut's bitteres Schreiben vom 2. December bei Vivenot, vertrauliche Briefe I, 363.
[4] Lasteyrie 353, Mémoires IV, 272 in einem Briefe der Dame vom 10. Mai 1796. Die Aeusserung in demselben Briefe, dass der Kaiser die Schuld ausdrücklich auf Preussen geschoben habe (vgl. oben S. 232, Anm. 6), wird sonst nirgends erwähnt und scheint nur Schlussfolgerung der entrüsteten Verfasserin.
[5] Wattenbach (Heidelb. Jahrb. 1870) 731.
[6] Das Datum nach der von der Dame bei ihrer Entlassung am 18. September 1797 als richtig unterzeichneten ‚spécification' ihrer Einnahmen und der für sie geschehenen Ausgaben im Gesammtbetrage von 6151 fl., da sie mit ihren Töchtern im Gefängnisse auf eigene Kosten lebte. Registratur des Reichskriegsministeriums 1797, Dep. Lit. O, n. 11921.

kehren, wäre ihnen dann nicht mehr gestattet gewesen. Daher verzichtete die treue Gattin förmlich auf die Erlaubniss.¹

Nunmehr aber gerieth die kaiserliche Regierung durch die der Familie des Gefangenen gewährte und bei ihren mächtigen Verbindungen kaum abzulehnende Begünstigung in eine noch viel peinlichere Lage als bisher, da sie nur für den Mann einzustehen hatte. Thugut machte schon bei einem Gespräche mit Frau von Lafayette in Wien auch gar kein Hehl aus seiner Verstimmung. Man begreift auch völlig die Erleichterung, die er kurz vor der endlichen Freilassung empfand, indem er an einen Freund schrieb, dass er ‚recht froh sei, von der ganzen Caravane' nichts mehr hören zu müssen.²

Denn es ist doch unläugbar, dass die natürlich strengen Ordnungen eines Militärgefängnisses nun in der öffentlichen Meinung doppelt hart erschienen, da sie auf ein Paar junge Mädchen und auf eine Dame fürstlichen Ranges erstreckt wurden, die eben erst aus den Kerkern der französischen Revolutionäre entlassen war, deren hinfällige Gesundheit den Mangel an frischer Luft alsbald empfand, deren Leiden aus ihren, trotz aller Aufsicht,³ doch zuweilen in das Ausland gelangenden Briefen in weiten Kreisen bekannt wurden und bei ihrer hingebungsvollen Liebe in steigendem Maasse Mitleid und Entrüstung erweckten. Gerade auf die Minister mussten die Vorwürfe der mächtigen Freunde der Gefangenen fallen.⁴

Diese selbst hat sich in dem Gefängnisse mit der Lebensbeschreibung ihrer Mutter, der Herzogin von Ayen, ein rührendes Denkmal gestiftet. Mit einem Zahnstocher und Tusche hat

---

[1] Mémoires IV, 286.
[2] Je présume, que Sa M. daignera approuver, que je m'entende avec le conseil de guerre, pour que toute cette caravane de Lafayette, femme, enfants et autres compagnons de captivité, soient transportés à Hambourg et consignés à l'Américain pour qu'il n'en soit plus question, ce de quoi je serai fort aise. Thugut an Colloredo 7. Sept. 1797 bei Vivenot, vertr. Briefe II, 55.
[3] Lasteyrie 381 f. In den mémoires de la Marquise de Montagu (2ᵐᵉ ed. Paris 1865, p. 276) wird die Sache noch als Geheimniss behandelt.
[4] Was Thugut in der Anlage D über die unvermeidlichen Uebel eines freiwillig gesuchten Kerkerlebens sagt, ist gewiss richtig, liest sich aber doch wie eine Rechtfertigung.

sie dieselbe an den Rand eines Bandes von Buffons Naturgeschichte geschrieben, den die Familie noch heute bewahrt.[1] Aber je höher Jeder sie schätzen musste, der ihr einmal genaht war,[2] um so schwerer musste auch ihr Geschick erscheinen.

Bei der so getheilten Stimmung wurde das Erscheinen eines allgemein hoch geachteten Staatsmannes wie Gouverneur Morris in Wien, im Herbste des Jahres 1796, für die Angelegenheit bedeutend. Morris kam zunächst, um der Prinzessin Elisabeth von Frankreich den Rest einer von Ludwig XVI. bei ihm deponirten Geldsumme zu überbringen und Rechnung über die Verwendung des Uebrigen abzulegen.[3] Aber er erschien doch eben persönlich mit der Autorität, welche ihm sein muthvolles Ausharren als amerikanischer Gesandter während der Schreckenszeit in Paris und seine Beziehungen zu den hervorragenden Persönlichkeiten der Coalition gewährten. Es war unmöglich, ihm gegenüber dasselbe Schweigen zu beobachten, wie gegen die Reden der englischen Opposition oder selbst gegen Georg Washington's Schreiben als Präsidenten der Vereinigten Staaten vom 15. Mai 1796.[4] Zunächst war Thugut freilich, wie man denken kann, entrüstet, als er in einem, ihm von Morris vorgewiesenen Briefe der nach ihrem Wunsche gefangenen Dame an ihre Schwester von Montagu Anklagen gegen die Regierung und über die Gefängnissordnung fand, so dass er ihr jede Correspondenz versagte oder doch thatsächlich erschwerte.[5] Sachlich erklärte er, wie schon im Jahre vorher Fürst Rosenberg,[6] dass die Freilassung bei dem Frieden erfolgen werde; denn ein solcher hob die Coalition und ihre Beschlüsse auf. Von seinem Wunsche, eben durch Morris' Vermittlung, Lafayette an England abzugeben, war schon früher (S. 237) die Rede.

---

[1] Mémoires de Montagu 275. Den Kindern dieser Dame, welche die Sammlung publicirten, ist der Brief ihrer Mutter bei Sparks, Morris I, 447, entgangen.
[2] Wattenbach a. a. O. 728. Ueber den Eindruck, den sie auf den Consul Bonaparte machte, vgl. Lasteyrie 403.
[3] Es waren nur noch 147 Pfund Sterling. Sparks, Morris I, 384.
[4] Vgl. überhaupt Lafayette 50.
[5] Sparks, Morris I, 447, Lasteyrie 381, Montagu 276.
[6] „J'espère que nous allons nous arranger et avoir la paix" sagte er zum Troste zu Frau v. Lafayette. Mémoires IV, 272. Wegen der entsprechenden Aeusserung Thugut's vgl. oben S. 237, Anm. 1.

Das ist die Lage, in welcher die bisher und auch von mir selbst ganz irrig aufgefasste französische Scheinvermittlung eintrat. Ihre Anfänge[1] fallen noch zu Ende des Jahres 1796 und zu Beginn des folgenden. Denn in einer Depesche des Generals Clarke vom 14. Thermidor des Jahres V (1. August 1797) ist von privaten Schritten (démarches particulières) gesprochen, welche er in der Angelegenheit seit nahezu acht Monaten (près de huit mois) unternommen habe.[2] In den Präliminarien von Leoben — weder in den öffentlichen noch in den eilf geheimen Artikeln vom 18. April 1797 — ist von den Olmützer Gefangenen, wie ich mich durch Einsichtnahme der authentischen Akten überzeugt habe, durchaus nicht die Rede; es ist nur eine irrige Schlussfolgerung, wenn man in Artikel 9, welcher die Herausgabe der beiderseitigen Kriegsgefangenen sofort nach Ratification der Präliminarien bestimmt, eine Absicht auf die Olmützer Gefangenen finden wollte, die gar nicht in diese Kategorie gehörten.

Erst nach dem Abschlusse der Präliminarien, die allein Bonaparte's Unterschrift zeigen, langte General Clarke an.[3] Hierauf — gewiss ist nur, dass es längere Zeit vor dem 1. August geschah[4] — haben Beide in Leoben mündlich und, nachdem sie Leoben verlassen hatten,[5] schriftlich über die

---

[1] Camille Perret, der bei den betreffenden Gesprächen in Wien genannt wird, erscheint zuerst in der Liste der Personen, für welche Clarke am 5. December 1796 bei seiner beabsichtigten Botschaft zur Abschliessung eines Waffenstillstandes in Wien freies Geleite verlangte, als secrétaire de légation. (Staatsarchiv.)

[2] Das Schreiben folgt vollständig unten S. 250 f. Ich bemerke, dass auch die erhaltenen Acten zur Vorgeschichte der Präliminarien von Leoben (vgl. Sybel, Revolutionszeit IV, 364 f. 2. Aufl.) den Gegenstand nicht berühren. Die Besprechungen mit dem Baron Vincent und dem Marquis Gherardini deren Clarke gedenkt, werden in Clarke's Schreiben jene am (14. Nivôse an V) 5. Dec. 1796, diese am 13. März 1797 erwähnt. (Staatsarchiv.)

[3] Sybel IV, 497 f.

[4] Das ergibt sich aus dem Anfange des unten (S. 250) analysirten Schreibens von Clarke und damit fällt die irrige Datirung nach dem Schreiben Carnot's vom 1. August 1797 in den Mémoires und danach in der correspondance de Napoléon I, t. III, p. 302 der Quart-, 228 der Octavausgabe mit der ‚date présumée d'Udine, 23. Thermidor an V. (10. Août 1797).'

[5] Ils ont déjà eu l'honneur de l'entretenir à Léoben sur cet objet. Mémoires IV, 294.

Befreiung Lafayette's Wünsche geäussert. Dieselben waren an den Marchese di Gallo gerichtet, der ohne Erneuerung seiner Vollmachten [1] auch nach Abschluss der von ihm in erster Stelle unterzeichneten Präliminarien die Unterhandlungen mit Bonaparte weiter führte. Von Bonaparte's eigener Hand waren die Restrictionen [2] in dem, formell auch von Clarke — obwohl er gerade diese Restrictionen missbilligte — mit unterschriebenen, bisher nur in undatirtem Abdrucke zum Vorschein gekommenen Schreiben verfasst.

Diese Note spricht von dem ‚Interesse‘, welches das Directorium ‚an dem Geschicke (sort) der Gefangenen von Olmütz‘ nehme, erneuert die Vorstellung (instance) im Namen ihrer Regierung. Die Bevollmächtigten hoffen, dass Gallo seine guten Dienste anwenden werde, ‚dass die genannten Gefangenen in Freiheit gesetzt werden und die freie Wahl (faculté) haben, sich nach Amerika oder in jede andere Gegend zu begeben (se rendre), ohne dass sie sich jedoch gegenwärtig nach Frankreich begeben können‘. Der Kaiser werde hiedurch einen neuen Beweis seiner Humanität geben, das Directorium verpflichten und selbst zur Consolidirung der innern Ruhe der Republik beitragen.

Schon diese Form des Ersuchens war eine wenig verhüllte Mittheilung, dass die Befreiung eines Mannes, dessen Anwesenheit in Frankreich Bonaparte's Planen nur beschwerlich sein konnte, dem General keineswegs am Herzen liege. Noch deutlicher war aber die mündliche Erklärung, die man von Thugut ohne Namennennung (l'on a temoigné) erfährt, dass neben Frankreich auch Italien, das rechtsrheinische Gebiet und ‚vielleicht Holland‘ ausgeschlossen wurden.[3] Mit vollem Rechte konnte Thugut später[4] den General Clarke erinnern, dass er

---

[1] Sybel, Revolutionszeit, 2. Aufl. IV, 534.
[2] Mémoires IV, 368 und 366; V 150 n.
[3] Mémoires IV, 368 und für das Folgende 366.
[4] Vous aurez été instruit par Mr. Perret (vgl. oben S. 243 Anm. 1), que les trois prisonniers d'Olmuts auroient été déjà mis en liberté, si l'on avoit déterminé l'endroit où l'on devoit les conduire et les remettre. L'on a témoigné, que l'on ne pouvoit les recevoir ni en Italie ni en France, ni même au delà du Rhin, ni peut-être en Hollande. Thugut an Clarke aus Wien, 12. August 1797. Copie im Staatsarchiv.

dessen Secretär schon erklärt habe, man würde die Gefangenen entlassen haben, wenn man nur wisse, wohin sie führen und wem sie übergeben.

Lafayette's Freunde im Directorium nun wünschten, dass er nach Frankreich zurückkehre und auf dem Lande mindestens einige Zeit lebe.[1] Der Kampf zwischen ihnen und Bonaparte's Werkzeugen, der erst mit dem Siege der letzteren in der Umwälzung des 4. September (18. Fructidor) enden sollte, spiegelt sich aber auch in diesen ziellosen Unterhandlungen.

Bereits am 4. Mai hatte Thugut mit dem Grafen Colloredo über die Angelegenheit eine Besprechung.[2]

Nunmehr erst hat der Kaiser, so viel man sieht, persönlich eingegriffen. Er hatte Niemand gegenüber sich zur Freilassung der Gefangenen verpflichtet.[3] Thugut aber wünschte, wie theils erwähnt wurde, theils noch deutlicher hervortreten wird, die Angelegenheit durch Entfernung der Gefangenen aus Oesterreich, das sich ganz unnütz mit ihnen beladen hatte, so rasch als möglich von sich abzuwälzen. Er hat das Freund und Feind, vertraulich und offen auf das unzweideutigste zu erkennen gegeben. Aber eine so stürmische Erledigung der Sache, dass man die Gefangenen einfach freigebe oder etwa an der Grenze ihrem Schicksale überliesse, war doch auch unthunlich. Die Rücksichten auf ihren Rang, ihre Beziehungen zu einheimischen fürstlichen Familien schlossen jede Schroffheit aus. Anderseits konnte die Regierung, wenn sie auch nur Depositarin von Gefangenen der aufgelösten Coalition, Mandatarin durch die Ereignisse überholter Verfügungen der Repräsentanten Gesammteuropa's war, sich nicht in offenbaren Widerspruch mit sich selbst setzen. Ausdrücklich und feierlich betont Thugut, dass der Kaiser selbst die Unverträglichkeit der

---

[1] Mémoires IV, 366.

[2] J'ajoute la lettre concernant Lafayette dont j'ai eu l'honneur d'entretenir V. E. aujourd'hui. Vivenot, vertrauliche Briefe II, 35. Die Vermuthung liegt nahe, dass der betreffende Brief eben der der Bevollmächtigten an Gallo sei; doch scheint mir das Datum etwas früh.

[3] — bien que Sa Majesté n'ait contracté aucun engagement pour leur délivrance. Instruction Thugut's im Anhang D. So sagte denn auch Chasteler zu Lafayette: Il n'est contracté aucun engagement par rapport à votre liberté. Anhang E.

laut bekannten Grundsätze Lafayette's und seiner Gefolgsleute
‚mit denjenigen, welche die Grundlage der Ruhe seiner Staaten
bilden' durch das schriftliche Gelöbniss derselben constatirt zu
sehen verlange, ohne specielle Erlaubniss nie mehr nach Oesterreich zurückkehren zu wollen.[1] Der Kaiser verlangte eben,
wie seine fürstlichen Ahnen von so manch gefangenem Edel-
mann, von diesen französischen Rittern das Gelöbniss der
Urfehde. Das Gelöbniss hat aber hier die Bedeutung, dass
die Grundsätze der kaiserlichen Erbmonarchie und des neu-
französischen Staates als sich gegenseitig ausschliessend erklärt
werden.

Zur Verhandlung mit den Gefangenen wurde eben der
Officier ausersehen, unter dessen Obhut sie sich vor fünf Jahren
befunden hatten, da sie als Flüchtlinge von der französischen
Armee Schutz suchten: der damalige Commandant von Namur.[2]
Es war der Generalmajor Marquis Johann Gabriel von Chasteler,
der seiner Treue, seiner Bildung — er sprach zwölf Sprachen —
und seiner Gewandtheit halber für den Auftrag vorzüglich
geeignet erscheint.[3]

Lafayette selbst in den Memoiren und seine Tochter, Frau
von Lasteyrie, in dem Leben ihrer Mutter haben die Haupt-
momente dieser Verhandlung mit der lautern Wahrhaftigkeit
geschildert, die alle ihre Worte kennzeichnet und die nun auch
von Chasteler selbst bestätigt wird. Hier dürften nur folgende
Momente als für den allgemeinen Gang der Begebenheiten
erheblich hervorzuheben sein.

Man wird noch einmal an die Zeiten Ferdinand's II. und
Wallenstein's Katastrophe erinnert oder, unpersönlich gefasst,
an das universelle Bedürfniss dieser Monarchie, wenn man liest,
wie in des Kaisers Dienste der General aus Belgien mit dem

---

[1] — l'incompatibilité des principes, qu'ils avoient professés et ne cessoient de professer hautement avec ceux qui font la base de la tranquillité de Ses États, mettoient S. M. dans le cas d'exiger d'eux la promesse par écrit, qu'ils ... ne rentreroient en aucun temps dans ses provinces héréditaires sans une permission spéciale. Anhang D. Chasteler hat das Alles Lafayette wörtlich wiederholt, wie Anhang E zeigt.

[2] Chasteler's Bericht im Anhang E, vgl. Mémoires III, 410.

[3] Geboren im Januar 1763, gestorben im Mai 1815. Biogr. univ. de Bruxelles 1843 u. d. Namen.

Hauptmann schottischer Abkunft, dem die Bewachung der
französischen Gefangenen vertraut ist, über ihre Haltung verhandelt. Ueber die Klagen der Gefangenen habe ich dem an
einem andern Orte Gesagten[1] nichts hinzuzufügen; man kann
nur mit Bedauern lesen, dass eine herrliche Seele, wie sie in
Frau von Lafayette wohnte, durch langes Unglück so weit
gedrückt ward, um über die Langweiligkeit eines Militärdieners
zu klagen und sich von Chasteler belehren lassen zu müssen,
dass ein Staatsgefängniss kein Salon sei. Lafayette selbst
erscheint einige Male aufgeregt, aber stets mit dem reinen
Adel seiner hohen Gesinnung. Auch er sagt, wie etwa einer
seiner gräflichen Vorfahren in der Auvergne in ähnlichem Falle
zu einem Baillif Philipp's des Schönen gesagt haben würde:
,Ich habe dem Kaiser über mein Betragen und meine Absichten
für die Zukunft keine Rechenschaft zu geben'. Aber er liess
sich doch bald zu der Erklärung herbei: ,Sicherlich werde ich
nach meiner Befreiung in keinem Falle in Seiner Majestät
Staaten zurückkehren; dazu verpflichte ich mich; aber ich habe
Pflichten gegen die Vereinigten Staaten und gegen mein Vater-
land Frankreich. Das Letztere kann von mir einen Kriegs-
dienst verlangen, den kein Bürger verweigern darf: ich könnte
auch mit einer diplomatischen Mission betraut werden; diese
beiden Fälle ausgenommen übernehme ich das verlangte Gelöbniss'. Nur vergeblich waren Chasteler's in der That wenig
bedeutende Einwendungen und es würde wohl — selbst wenn
er darauf bestanden haben würde[2] — kaum erhebliche Schwierigkeiten verursacht haben, den von Lafayette gewünschten Vorbehalt einer Verwendung in Frankreichs militärischem oder
diplomatischem Dienste aufzunehmen.[3] Der Zusatz in der

---

[1] Lafayette 7 und 41 f. Doch glaube ich jetzt, dass der Commandant dem Wunsche nach Separation der beiden Töchter bei Erkrankung der einen hätte nachgeben sollen. Die Klagen erinnern im Ganzen an die meist eben so unbegründeten über die Behandlung Napoleon's auf St. Helena, dem ebenfalls, bis er sie missbrauchte, Anfangs grössere Bewegungsfrei- heit gestattet war.

[2] Er sagt bei der ersten Unterredung zuletzt: qu'il les croie nécessaires à lui.

[3] Die von Lafayette schriftlich verlangte Formel scheint freilich viel weiter gegangen zu sein, so dass Chasteler (Anhang E) sagt: les restrictions qu'il mettait à l'engagement — le rendaient pour ainsi dire nul.

factisch von den Gefangenen ausgestellten Verpflichtung¹ besagt aber viel allgemeiner: ‚mit Vorbehalt der Rechte meines Vaterlandes über meine Person'.

Lafayette hatte nämlich das Zugeständniss erwirkt, dass er sich mit seinen Haft- und Fluchtgenossen Latour-Maubourg und Bureaux de Puzy² über die Formel verständigen dürfe: er hätte es für eine Niedrigkeit gehalten, ohne Vereinbarung mit ihnen eine Verpflichtung einzugehen.³ Bei dieser Besprechung dürfte der Hauptmann Bureaux de Puzy wiederholt haben, was er sehr bestimmt Chasteler selbst direct sagte, dass er die Pflichten reserviren müsse, welche ihm, im Falle bleibender Ausschliessung aus Frankreich, ein neues von ihm noch zu suchendes Heimatland gegen Oesterreich auferlegen könne.⁴ Ein solcher Gedanken hat Lafayette und auch dem hitzigen Latour-Maubourg durchaus fern gelegen und erklärt erst die Fassung mit dem ungenannten Vaterland.⁵

Die Unterredungen Chastelers mit Lafayette hielten sich stets in den Grenzen der äussersten Urbanität. Dennoch trat der universalhistorische Gegensatz zwischen Lafayette's Ueber-

---

¹ Je auf einem Quartblatt beilegend: Je soussigné m'engage envers Sa Majesté l'Empereur et Roi de n'entrer dans aucun tems dans ses provinces héréditaires sans avoir obtenu sa permission speciale, sauf les droits de ma patrie sur ma personne.
A Olmutz le 26 juillet 1797. Lafayette unterzeichnet in dieser Namensform neben dem Worte: personne. Die beiden Anderen setzen neben dies Wort nur ein f (fin) und ihre Namen rechts neben, doch etwas unter das Datum. (Staatsarchiv.)

² So unterzeichnet er selbst seinen Namen hier und auf der Quittung über sein Eigenthum bei der Entlassung in Olmütz. (Registratur des Reichskriegsministeriums 1797 Lit. G. n. 11921.)

³ Je serai fort aise d'être hors d'ici le plus tôt possible; mais je ne veux point faire de bassesse; je désire me concerter avec mes compagnons d'exil. — Talleyrand war übrigens von der Formel der Gefangenen entzückt. Mèmoires IV, 364.

⁴ Il appuya avec plus de feu et de fermeté que les autres sur la nécessité de reserver dans l'engagement ... les droits de la nouvelle patrie qu'il adoperait, si la France le repoussait de son sein.

⁵ Puzy, „dessen melancholische Züge das Gepräge langer Leiden tragen", erschien übrigens den Hamburger Damen interessanter als Lafayette, wird auch von einem so trefflichen Beurtheiler, wie dem Amtmann Hennings, gerühmt. Wattenbach, Heidelb. Jahrb. 1870, 728 f.

zeugungen und denen eines Vertreters der alten Staatsordnungen vielleicht nie unverhüllter zu Tage. Nicht Chasteler, der in seinem Berichte diese theoretischen Discussionen ganz übergeht, aber Lafayette und seine Gemahlin sind darauf aufmerksam geworden. Chasteler erklärte, der Gefangene werde ‚in Europa als das Haupt der neuen Lehre betrachtet', worauf dieser scherzend die Ehre hervorhob, dass der Kaiser mit ihm als Macht zu Macht (de puissance à puissance) verhandle. Am Ende gestand doch Chasteler ihm zu: ‚Sie sind nicht mehr gefährlich, denn Ihre Grundsätze sind jetzt in dem Munde aller Welt'; im Uebrigen brauche er sich nicht zu bekümmern, dass man ihm den Aufenthalt in Deutschland verwehre; denn seine Lehre von den Menschenrechten habe dort jetzt genug Apostel.[1]

Konnte aber vollends dem Kaiser die hier ausgestellte, unerhörte und eigentlich unmögliche Formel der Urfehde genügen? Liess sich nicht vielmehr sagen, dass sie eventuell die Entlassenen zu allen Agitationen im Interesse ihres alten oder neuen Vaterlandes in den Erbländern berechtige und den Conflict ihrer neuen Lehren mit den in Oesterreich geltenden Grundsätzen, der ausgeschlossen werden sollte, gleichsam provocire?

Chasteler kehrte am 27. oder 28. Juli 1797 nach Wien zurück und der Kaiser entschloss sich zunächst nicht zu einer Freilassung der Gefangenen. Noch in einem gleich zu erwähnenden Schreiben Thugut's bricht dessen tiefer Unmuth, über die, wie er meint, frivolen Schwierigkeiten durch, welche ihm dieselben bereitet haben.[2]

Die nächsten Actenstücke machen den Eindruck, als ob Thugut eine sanfte Gewalt zur Erledigung der Sache nicht ungern gesehen hätte, wenn er nicht gar einer solchen dem Hofe gegenüber bedurfte. Es war aber die volle und reine Hingebung eines Mannes an die Sache der Befreiung, welche die Schwierigkeiten lösen half. Louis Romeuf, der dies Verdienst in Anspruch nehmen kann, hat seinen sonst wenig

---

[1] Jenes nach der Erzählung Lafayette's an Hennings bei Wattenbach a. a. O. 730, dieses nach der der Frau von Lafayette, Mémoires IV, 295 f.
[2] An den Gesandten in Hamburg Baron Buol-Schanenstein am 9. August 1797 im Anhange F.

bekannten Namen durch diese Hingebung verewigt und nicht durch seine spätere militärische Laufbahn, die mit seinem Tode als General in der Schlacht von Borodino am 7. September 1812 endete.[1]

Er war einst Adjutant Lafayette's als Befehlshabers der Pariser Nationalgarde und im Feldzuge von 1792 gewesen[2] und wird am 1. August 1797 von dem französischen Friedensbevollmächtigten, Divisionsgeneral Clarke, als der französischen Armee attachirt bezeichnet.[3] Die Pflichten der Freundschaft führten ihn nach Wien; sein officieller Auftrag bestand aber nur in der Ueberbringung von Depeschen an den nunmehr nur wieder als neapolitanischen Gesandten figurirenden[4] Gallo. Clarke suchte ihm eben — ohne jeden höhern Auftrag — die Mittel zu gewähren, nach Wien zu gelangen und hielt sich überzeugt, dass alle Gedanken Romeuf's auf das Befreiungsziel gerichtet seien, welches er freilich ohne Thugut's grossmüthige Unterstützung nicht erreichen werde.[5] Seit nahezu acht Monaten — wie

---

[1] Dort nennt ihn auch Thiers I. 44 unter den hervorragenderen der gefallenen Generale.

[2] Mémoires IV, 248. So bezeichnen ihn auch Thugut und Buol, Anhang F und G nur als ancien aide de camp de Mr. de Lafayette. Er flüchtete mit Lafayette aus Frankreich, unterzeichnete die Protestation gegen die Verhaftung in Rochefort, schied tiefgerührt von Lafayette bei dessen Abführung nach Luxemburg und zeichnete in einem Briefe an Puzy dessen damalige letzte Worte für das französische Volk auf, ehe er seinen zweimonatlichen Arrest in Antwerpen antrat. Mémoires III, 409—412. Vgl. oben S. 231.

[3] Das betreffende, für diese Untersuchung überaus wichtige Schreiben gebe ich in dieser und den folgenden Anmerkungen vollständig. Monsieur le Baron! La personne, qui vous remettra la présente, est le citoyen Romeuf, officier attaché à l'armée Françoise. (So nennt sich Romeuf selbst in dem im Anhang M abgedruckten Schreiben an Thugut: officier français expédié par les plénipotentiaires français auprès de votre excellence — was Alles mindestens ungenau ist, aber dem Titel entspricht, den er sich nach Anhang H bei Parish gegeben hat: officier de l'état major de l'armée Françaiso, envoyé d'Italie à Vienne par les plénipotentiaires Français.)

[4] Des devoirs sacrés d'amitié le conduisent à Vienne où il a d'ailleurs des dépêches à remettre à son Excellence Mr le Mis De Gallo, ambassadeur de Sa M. Sicilienne près Sa Majesté l'empereur et roi.

[5] J'ai parfaitement senti en cherchant à lui faciliter les moyens d'arriver dans cette capitale, que le principal objet de son voyage, celui au succès

bemerkt — hatte sich Clarke in Privatbesprechungen mit Vincent und Gherardini in der Angelegenheit bemüht, dazu officielle Forderungen im Namen des Directoriums ‚in Verbindung mit dem General Buonaparte gestellt, welche ohne Zweifel Erfolg gehabt haben werden' — auf die er, mit anderen Worten, keine Antwort erhalten hatte.¹ Nun erscheint Romeuf, der im Falle ihrer Befreiung ihnen ‚werthvolle Tröstungen' bringen kann, deren sie während so langer Zeit beraubt gewesen sind.² Die ‚Tröstungen' werden wohl Nachrichten von ihren Angehörigen und von der Erhaltung mindestens eines Theiles ihres Grundbesitzes sein, und Clarke's Wunsch scheint nur dahin zu gehen, dass Romeuf den Gefangenen im Momente ihrer Befreiung beigesellt werde. Ob eine solche überhaupt schon ausführbar sei, scheint freilich Clarke selbst zweifelhaft gewesen zu sein. Er fügt daher hinzu, dass er überzeugt sei, der Kaiser werde persönlich den Gefangenen gern diese Erleichterung gewähren; in diesem Sinne sei er so frei, dem Minister ‚die verschiedenen Forderungen Romeuf's' angelegentlich zu empfehlen.³

Das Schreiben hat, wie man sieht, keinen officiellen Charakter; aber Clarke gibt ihm doch, indem er seine bleibende militärische und momentane diplomatische Stellung in der Unterschrift hervorhebt, ein grösseres Gewicht.⁴

duquel toutes ses affections et toutes ses pensées sont attachées, ne pouvait être rempli, si vous ne veniez généreusement à son appuy.

¹ Les démarches particulières que j'ai fait depuis près de huit mois tant auprès de M⁽ le B⁽ⁿ⁾ de Vincent que de feu M⁽ de Gherardini et les demandes officielles que j'ai présentées — gibt es in der That noch eine ausser der oben S. 244 erwähnten? — au nom du directoire exécutif de la république Française conjointement avec le Général Buonaparte auront sans doute été accueillies par le succès.

² Le citoyen Romeuf, ami des familles des trois prisonniers peut au moment, où ils seront rendus à la liberté, leur présenter des consolations prétieuses dont leur longue captivité les a privé depuis tant de temps.

³ Persuadé que Sa Majesté impériale et royale se fera elle-même un plaisir de permettre cet adoucissement à leurs peines, je prends la liberté de vous recommander particulièrement les diverses demandes qu'il doit vous faire.

⁴ Le général de division, ministre plénipotentiaire de la république française pour la paix avec l'Autriche G. Clarke. Udine le 14 Thermidor an 5ᵉ (1ᵉʳ Aoust 1797 V. S.).

Thugut war zu scharfsichtig, um nicht die Verlegenheit
zu erkennen, in welcher sich Clarke mit seinen guten Absichten
befand. Er antwortete daher, wie schon früher bemerkt
(12. August 1797), dass die kaiserliche Regierung die Gefangenen längst entlassen hätte, wenn man nur wisse, wohin man
sie bringen könne. ‚Lafayette schien aber' — so fährt er fort [1]
— ‚darauf zu bestehen, nach Frankreich zurückkehren zu wollen'.
Ein Actenstück, auf das diese Behauptung sich gründete, habe
ich nicht gefunden; an ihrer Richtigkeit lässt sich nach Lafayette's Verfahren als er in Holstein die volle Freiheit und
seine Gemahlin den dringenden Wunsch hatte, nach Amerika
auszuwandern, durchaus nicht zweifeln.[2] Von diesen Schwierigkeiten sprach Thugut, nachdem er seinem Aerger über Lafayette,
die Menschenrechte und den neuerlichen Revers gründlich
Luft gemacht hatte, wohl auch mit Romeuf[3] und versicherte
Clarke schliesslich, dass schon seit einiger Zeit durchaus kein
weiteres Hinderniss gegen die Befreiung bestanden habe.[4]
Inzwischen war über den künftigen Aufenthalt der Gefangenen
mit Clarke's Secretär Perret in Wien mündlich verhandelt
worden und damals zuerst ist — doch wohl nach einer Aeusserung Lafayette's (vgl. Anm. 2) — der Gedanken aufgetaucht,
Lafayette dem ehemaligen[5] Consul der Vereinigten Staaten

---

[1] Die beiden ersten Sätze von Thugut's Antwort sind bereits oben S. 244,
Anm. 4 gegeben. Dann folgt: et de son côté M' de la Fayette a paru
insisté à vouloir retourner à France. Den Verfolg des Briefes geben
die Anm. 4 und S. 253 Anm. 2.

[2] Lafayette 29. Doch sagt er privatim zu Chasteler nach dessen im Anhang E abgedruckten Berichte nur: Je vous dirai bien, comme M' de
Chasteler, que mon dessein est toujours d'aller en Amérique; mais que,
privé de toutes nouvelles près de quatre ans, je ne puis savoir dans quel
état y sont mes affaires; je désirerais donc dans le cas où S. M. l'empereur
me rendit ma liberté me rendre dans un port, à Hambourg par
exemple, pour y attendre des nouvelles des Etats-unis.

[3] Mémoires IV, 298 f.

[4] Thugut führt fort: J'ai fait part de ces difficultés à M' Romeuf, qui m'a
remis la lettre que vous m'avez fait l'honneur de m'écrire et je puis
Vous assurer, que depuis quelque tems déjà il n'a pas existé d'autre obstacle à la délivrance de M' de la Fayette et des autres prisonniers
d'Olmutz.

[5] Ich entnehme einem mir freundlich zur Verfügung gestellten Auszuge
aus dem Hamburger Staatsarchive, dass der dortige aus Leith in England

John Parish in Hamburg zur Einschiffung nach Amerika zu
übergeben. Thugut's Wunsch ging nun dahin, dass Clarke,
wohl durch Vermittlung des Directoriums, die etwa nöthigen
Verabredungen mit jenem Consul treffe. Auf diese Weise
allein, meint Thugut, ‚werden unsere (österreichischen) und
Eure (französischen) Schwierigkeiten gleichmässig beseitigt'. In
diesem Sinne hat er bereits, um die Angelegenheit so sehr als
möglich zu beschleunigen, Romeuf einen Pass nach Hamburg
ausstellen lassen und ihm geradezu Aufträge an Parish ertheilt,
wie sich denn Romeuf dem Letztern, wunderlich genug, auch
als Beauftragter Thugut's vorstellte.[1] Auf weitere Darlegungen
— und wir wissen wie verwickelt selbst uns die Angelegenheit
erscheint, in der wir doch nicht Thugut's Verantwortlichkeit
tragen — lässt sich der Minister nicht schriftlich ein, verweist
aber auf Gallo als einen mit der Sachlage völlig Vertrauten,
schliesst übrigens mit einem bei ihm nicht ganz gewöhnlichen
Ausdrucke von Hochschätzung gegen Clarke.[2]

---

stammende Bürger John Parish am 12. Juli 1793 das Exequatur als
Consul der Vereinigten Staaten erhielt und dies Amt am 30. December 1796
niederlegte. Sein Nachfolger Samuel Williams erhielt das Exequatur am
26. Januar 1797, ging aber schon im März 1798 als Consul nach London.
Wenn trotzdem nicht Williams sondern Parish — ‚ancien consul', wie ihn
Buol's Depeschen bezeichnen — in Lafayette's Angelegenheit figurirt, so
weiss ich das nicht zu erklären. Parish hatte der Frau von Lafayette
den auf den Namen Motier lautenden Pass nach Wien ausgestellt, der
ihr so nützlich ward (Lasteyrie 352) und ihre Geldangelegenheiten während
der Haft vermittelt.

[1] La mission, dont il (Romeuf) a été chargé par M^r le baron de Thugut.
Anhang II.
[2] Je pense, Monsieur, que d'après ce qui en dernier lieu a été concerté
ici avec Mr Perrot, Vous pourrés Vous entendre avec le consul des Etats-
unis de l'Amérique à Hamburg à l'effet que les prisonniers soyent conduits dans cette ville et lui soyent remis pour qu'il veuille bien les faire
embarquer. Ils sortiront par ce moyen de l'Allemagne où Vous sentés,
Monsieur, qu'ils ne peuvent pas rester, et ils n'iront point dans les endroits,
où Vous dites qu'ils ne peuvent être reçus, ce qui conciliera vos difficultés et les nôtres. Je ne doute pas que Mr Romeuf, à qui il a été
donné un passeport, pour se rendre à Hamburg, ne s'employe avec succès
auprès du consul de l'Amérique pour accélerer l'arrangement de cet objet,
sur le quel d'ailleurs, ainsi que sur notre désir sincère de la voir
terminer au plutôt à votre satisfaction, M^r le Marquis de Gallo Vous
fournira toutes les explications que Vous pourrés lui demander. Recevés,

Von den gespannten diplomatischen Beziehungen[1] Frankreichs zu den Vereinigten Staaten scheint Thugut keine Nachricht gehabt, auch die Stellung eines amerikanischen Consuls in Hamburg ganz verkannt zu haben, wenn er meinte, derselbe könne Lafayette in ein Schiff bringen lassen. So eilig war ihm aber die Sache, dass Romeuf's Pass nach Hamburg vom 8. August datirt wurde.[2] Vom folgenden Tage datirt ein wundersamer Brief des Empfohlenen, der sich selbst zu einer Art von Abgesandten stempelte. In diesem längst bekannten Schreiben,[3] das Thugut unbeirrt an Lafayette gelangen liess, geht er so weit, einen neuen Kriegsausbruch anzukündigen, wenn die Gefangenen nicht freigelassen würden.[4] Dazu war er, wie man aus Clarke's Brief ersieht, nicht nur nicht autorisirt — wenn nicht noch ganz andere, mit demselben in Widerspruch stehende Instructionen Bonaparte's supponirt werden, die Niemand gesehen hat — sondern er gab der Angelegenheit eine drohende Gestalt, die Thugut schwerlich imponiren konnte, nach dessen Weisungen er vielmehr durch die Reise nach Hamburg und auf derselben verfuhr.[5] Der Wahrheit gemäss schreibt er denn auch im nächsten Monate (Anhang E) an Thugut, die Befreiung der Gefangenen betrachte er ‚als eine Gnade desselben, die über jeden Preis gehe, und für die er eine lebhafte Dankbarkeit bewahren werde'; sollte sie nicht erfüllt werden, so bittet

---

Monsieur le Général, l'assurance de mes sentiments très distingués d'estime et de considération.

[1] S. oben S. 230 Anm. 2.
[2] Das Datum in einem Berichte des Gesandten in Dresden, Grafen Emerich zu Eltz, ddo. 17. Sept. 1797. (Staatsarchiv.)
[3] Mémoires IV, 299. Die Lafayette 53 ausgesprochene Vermuthung, dass der Brief vom 9. September statt 9. August zu datiren sei, erledigt sich, da sich nun zeigt, dass er auf die Freilassung, wenn überhaupt, so keineswegs einen unmittelbaren Einfluss übte. Romeuf mag immerhin in gutem Glauben gehandelt haben, wenn er Lafayette -- und nach dessen und seiner Damen Darstellung auch mir — die Meinung beibrachte, dass Bonaparte etwas Ernstliches in der Angelegenheit gethan habe. Vielmehr ist Morris im Rechte, vgl. die Anm. S. 260.
[4] Keinen anderen Sinn können doch die schon Laf. 52 citirten Worte haben, dass die französischen Generale ihren Schritten eventuell weitere Folge geben würden.
[5] Du voyage ... que vous avez bien voulu diriger, sagt er selbst, Anhang M.

er nur um einen Pass zu schleuniger Rückkehr zu seinem General (mon général) in Italien. Und nicht nur Thugut gegenüber, wo solche Worte am Ende doch auch unerklärlich wären, wenn Romeuf wirklich französische Kriegsdrohungen hinter sich gehabt hätte, äussert er sich in dieser demüthig flehenden Weise. Dem kaiserlichen Gesandten in Hamburg gegenüber (Anhang G), der über die Sachlage unterrichtet war, ‚hat er sich darauf beschränkt, die lebhaftesten Vorstellungen (instances) zu wiederholen', dass derselbe doch Thugut ‚anflehen' möge (pour que je suppliasse V. Exc.), die Entlassung der Verhafteten zu beschleunigen.

Erwägt man nun, dass Clarke's Empfehlungsbrief vom 1. August, gleichzeitig mit Depeschen an den Marquis Gallo, in Udine Romeuf eingehändigt, sein österreichischer Pass nach Hamburg aber schon am 8. ausgestellt ward, so kann man nur annehmen, dass der Brief vom 9. trotz der unzweideutigen und doch ganz unbegründeten Drohung, Thugut's Intentionen mindestens nicht widersprach. Nach diesen hatte er die Zusage erhalten, die Befreiung werde eintreten, sobald eine noch zu besprechende Verpflichtung Parish's aus Hamburg in Thugut's Hände gelangt sei,[1] und seinerseits, wie wir sahen, sich einfach an Thugut's sonstige Weisungen gehalten. Wenn er aber das weitere Zugeständniss erhielt, an Lafayette einen offenen Brief richten zu dürfen, so wird man doch anzunehmen haben, dass dieser Brief noch einem weitern Zweck als dem persönlicher Tröstung der Gefangenen diente.

Ich glaube Thugut nicht Unrecht zu thun, wenn ich annehme, dass der Minister in klarer Erkenntniss der Lage des Momentes und mit diesem Briefe in der Hand die Genehmigung des Kaisers für sein neues Arrangement erwirkt hat.

Denn an demselben Tage (9. August) traf aus Petersburg Graf Cobenzl in Wien ein, der die Nachricht brachte, dass, wie früher England, so nun auch Russland irgend welche Unterstützung Oesterreichs gegen die französischen Forderungen

---

[1] D'après la parole positive que j'ai reçu de V. E. — —. — la délivrance des prisonniers, que vous avez promis si positivement d'effectuer aussitôt qu'on aurait rempli à Hambourg la condition. Anhang M.

ablehne,[1] mit anderen Worten, dass die erste Coalition definitiv gelöst sei. Damit war auch Oesterreichs Verpflichtung zur Bewachung Lafayette's erloschen.

Und so erging an eben diesem 9. August das Schreiben (Anhang F) an den kaiserlichen Gesandten in Hamburg, Freiherrn von Buol-Schauenstein, welches denselben mit ausdrücklicher und wiederholter Hervorhebung eines persönlichen Befehles des Kaisers zur Eröffnung der entscheidenden Unterhandlungen ermächtigte.

Thugut scheint die Genehmigung seines Planes nur mündlich erhalten zu haben, wie denn für dies ganze Stadium der Angelegenheit Lafayette's kein Handschreiben des Kaisers Franz sich in den Wiener Sammlungen vorfindet. Ob ein solches doch noch sonst erhalten ist oder überhaupt erging, vermag ich nicht zu sagen.

Der Auftrag an Buol ist weniger bestimmt, als die mündliche Weisung an Romeuf. Buol wird nur verständigt, dass der Kaiser beschlossen habe, die durch die eigene Schuld der Gefangenen, d. h. durch ihren Zusatz zu der Urfehde, verzögerte Entlassung derselben, derart auszuführen, dass sie dem „amerikanischen Consul Parish in Hamburg"[2] übergeben werden, der ihren Transport nach Amerika oder Holland binnen einer Woche nach ihrer Ankunft zu veranlassen habe. Romeuf hatte den Auftrag, die entsprechende förmliche Zusage zu erwirken.[3] Beide hatten sich dann mit Parish zu verständigen, und[4] sobald man über alle Punkte einig geworden sei, hatte Buol Bericht zu erstatten, damit die sofortige Beförderung (le prompt acheminement) der Gefangenen nach Hamburg stattfinde.

Parish war wie alle Agenten der Vereinigten Staaten über die Absichten der Bundesregierung und des amerikanischen Volkes genügend unterrichtet.[5] Sofort am 19. August 1797 stellte er die verlangte Verpflichtung zwar nicht wegen einer Einschiffung, aber doch dahin aus, dass er sich „mit all seiner Macht"

---

[1] Sybel, Revolutionszeit IV, 617.
[2] Ueber das wirkliche Sachverhältniss war Thugut zunächst nicht unterrichtet und liess es später unbeachtet.
[3] Anhang J, S. 286.
[4] — dès qu'on sera d'accord sur le tout Anhang F.
[5] Lafayette 51.

(de tout mon pouvoir), die freilich gar keine war, verbürgte, die Gefangenen zu bestimmen, binnen zehn Tagen nach ihrer Ankunft Hamburg und das rechtsrheinische Deutschland zu verlassen. Zugleich gab er der Dankbarkeit des Volkes der Vereinigten Staaten Ausdruck.[1] Im Uebrigen stellte er Romeuf alle erforderlichen Geldmittel für die Gefangenen zur Verfügung und wies einen Olmützer Kaufmann an, sie auszuzahlen.[2]

Thugut blieb während dieser fernen Verhandlungen bei seinen Voraussetzungen und sendete in diesem Sinne noch am 23. August zwei Briefe Lafayette's an Romeuf und Parish zur Beförderung an ihre Adresse durch Buol.[3]

Inzwischen mochte doch Parish besorgt geworden sein, dass die in seiner Erklärung fehlende Verpflichtung wegen der Einschiffung die Befreiung verzögern könne und richtete schon am 25. August ein Schreiben an Thugut, nach welchem die Gefangenen bei ihrer Ankunft in Hamburg ein Schiff vorfinden sollten.[4]

Romeuf aber glaubte, einmal so weit gelangt, nach Wien zurückkehren, den Gefangenen ihre Befreiung ankündigen und

---

[1] Anhang H.

[2] Anhang H und über den mit der Auszahlung betrauten Negocianten Hirsch in Olmütz Anhang L und O, dazu die spécification (vgl. oben S. 240 Anm. 6), wonach er und Sassati die Zahlungen an die Frau von Lafayette vermittelten.

[3] Vous recevez ci-joint la réponse du Mis de la Fayette à M. de Romeuf ancien aide de camp de ce prisonnier d'État, qui s'est rendu depuis peu à Hambourg, pour concerter avec le consul Américain M. Parish le moyens les plus propres pour le prompt transport de M. de la Fayette avec ses compagnons soit en Amérique, soit en Hollande. Je vous prie, Mr. le baron, de remettre dès la reception de la présente la réponse susdite à son adresse. Quant à son contenu il n'a besoin d'aucune remarque particulière de ma part me bornant à me rapporter à cet égard aux directions consignées dans ma dépêche du 9 décembre (so für: de ce mois). Je finis par Vous joindre également une lettre de Mr de la Fayette pour M. Parish étant au reste avec une considération très parfaite.. Vienne 23 Août 1797. (Staatsarchiv.)

[4] — un vaisseau prêt à faciliter leur passage en Amérique. Anhang J. Das war nun freilich auch nicht die von Thugut gewünschte Zusicherung. Dieser neue Brief kam übrigens erst Ende September in Wien an, als die Gefangenen schon entlassen waren, wie man aus Thugut's Antwortsconcept vom 11. October entnimmt, das ich im Anhang O publicire.

sie nach Hamburg geleiten zu können. In diesem Sinne hatte er wiederholt durch Parish bei Thugut um die Erlaubniss seiner Rückkehr und bei Buol selbst um einen Pass nach Wien nachgesucht, den dieser aber verweigerte. Romeuf nahm die Ablehnung zwar ruhig und indem er nur seine Freilassungsbitten wiederholte, hin,[1] reiste aber ohne Abschied von Buol[2] nach Dresden, um dort die Ankunft der Befreiten zu erwarten.

Ich habe nicht feststellen können, ob der langsame Postenlauf jener Zeit, die nicht ganz entsprechende Erklärung Parish's oder neue Bedenken bei Hofe den Beschluss der Freilassung verzögerten. In den ersten Tagen des September mussten Parish's und Buol's Briefe in Thugut's Händen sein, wie ein verspätetes Mahnschreiben Romeuf's[3] mit Recht hervorhebt.

Aber erst am 9. September kann Thugut von dem kaiserlichen Befehle der Entlassung der Gefangenen dem Hofkriegsrathe Nachricht geben, den er ersucht,[4] ‚sie durch einen vertrauten, vorsichtigen Officier auf ihrer ganzen Reise begleiten zu lassen'. In einem Schreiben an Buol wiederholt er dann (13. September) feierlich, dass von kaiserlicher Seite keine Verpflichtung (aucun engagement positif) über die Sache gegen Frankreich übernommen sei. Wenn er auch die Fassung missbilligte,[5] wonach dieser ‚Wohlthätigkeitsact' nur aus Interesse für die Vereinigten Staaten erfolgt sei, so erklärt er doch bestimmt, dass das besondere Interesse, welches die Vereinigten Staaten der Angelegenheit zuzuwenden scheinen, viel zu der kaiserlichen Entschliessung beigetragen habe. Der Kaiser werde den Vereinigten Staaten bei gegebenem Anlasse stets reelle Zeichen seiner Freundschaft und seines Wohlwollens geben.[6] Die

---

[1] Anhang H und G, und wegen der Absicht der Reise Romeuf's nach Olmütz Anhang J.
[2] — sans me laisser son adresse, daher Lafayette's an Thugut übersendeter Brief an ihn zunächst unbestellbar sei, schreibt Buol am 6. September 1797.
[3] Anhang M.
[4] Registratur des Reichskriegsministeriums, 1797, Lit. G, Bd. 21, p. 4612. — Am 7. Sept. wollte Thugut wohl dem Kaiser referiren. Vgl. oben S. 211, Anm. 2.
[5] Anhang L.
[6] Die Wendung konnte, wie Morris mit Recht annimmt (s. u. S. 260, Anm. 1), auch als Antwort auf das unbeantwortet gebliebene Schreiben des Präsidenten Washington an den Kaiser Franz vom 15. Mai 1796 (Lafayette 50 und oben S. 242) gelten.

amerikanischen Geldunterstützungen für die Reise der Gefangenen lehnte er aber mit der Erklärung ab, dass dieselbe auf Kosten des Hofes erfolgen werde; nur besondere Ausgaben der Familie Lafayette für Gegenstände der Bequemlichkeit oder des Vergnügens[1] glaubte er von den Amerikanern bestreiten lassen zu dürfen.

Und so erfolgte unter Leitung des Oberstwachtmeisters (Majors) von Auernhammer, dessen Benehmen die Reisenden sehr rühmten,[2] wie dieser das ihrige,[3] am 18. September die Abfahrt aus Olmütz[4] in drei Reisewagen;[5] am 24. waren die früheren Gefangenen in Dresden, von wo Romeuf ihnen folgte.[6] Am 4. October langten sie unter den im Eingange dieser Untersuchung geschilderten Freudenbezeugungen in Hamburg an.

Nach Buol's Bericht war an diesem Tage Parish bei ihm zu Tische; dann hätten sich Beide in Parish's Wohnung begeben, wo sich auch Morris eingefunden habe.[7] Nach Morris' Tagebuch speiste dieser bei Buol; erst nach fünf Uhr sendet hier Parish Nachricht, dass die Gefangenen angelangt seien; hierauf bringt vielmehr Morris den kaiserlichen Gesandten zu

---

[1] Anhang L und O: dépenses particulières, dann dépenses pour des objets de commodité et d'agrement. Parish klagte doch später bei dem kaiserlichen Gesandten in Hamburg, dass sie dort in zwei Tagen im Gasthause hundert Ducaten gebraucht hätten (Anhang N, n. 3). Die Militärkasse wendete für die Reise 4000 fl. auf. Anhang K.

[2] Anhang N n. 2 und P; einem Schreiben Buol's an den Hofkriegsrath vom 9. October 1797 entnehme ich, dass Auernhammer auch ein ihm von den Entlassenen ,angetragenes, nicht unansehnliches Geschenk auf eine edle Weise ausgeschlagen habe'. (Registr. d. Reichskriegsministeriums 1797, G, Bd. 24, p. 5352 n. 10649).

[3] Eltz an Thugut. Dresden, 25. Sept. 1797 (Staatsarchiv).

[4] Registr. d. Reichskriegsmin. 1797 G. Bd. 22 p. 4803 u. 9667 figde.

[5] Die Quittungen über den Empfang der bei dem Festungscommando bis dahin deponierten Baarschaften, Schmucksachen u. s. w. unterzeichneten Lafayette und Gemahlin, sowie Maubourg erst nach Streichung ihrer Adelstitel, ,Pusy jedoch ausgenommen', wie auf besonderm Blatte richtig mit einer Entschuldigung wegen des Aussehens dieser ,spécifications' bemerkt wird. A. a. O. G. n. 11921.

[6] Eltz an Thugut, 2. Oct. 1797 (Staatsarchiv).

[7] Anhang N, n. 3.

der ‚Ceremonie der Uebergabe'.[1] Morris' Genauigkeit steht ausser Zweifel, und gegen die Buol's ist doch meines Wissens auch ein solcher nie erhoben worden. Vollends an eine absichtliche Täuschung der Regierung in einer officiellen Relation ist ebenfalls nicht zu denken. Man wird daher Morris' unmittelbare der um einige Wochen verspäteten Aufzeichnung Buol's vorzuziehen und die Abweichungen der letztern als immerhin seltsame Gedächtnissfehler aufzufassen haben. Es wäre ohnehin wunderlich gewesen, wenn Parish bei der angekündigten Ankunft seiner Gäste sich nicht zu Hause befunden hätte.

Parish liess nach Buol's Ankunft die bisherigen Gefangenen in ein besonderes Zimmer treten, wo der Major Auernhammer sie dem kaiserlichen Gesandten in Hamburg vorstellte hierauf übergab dieser sie mit einigen Worten, die der anwesende Morris sehr maassvoll fand, dem noch immer in der Angelegenheit als Consul figurirenden Parish, indem er ihn nochmals an seine Versprechungen erinnerte. Der Gesandte

---

[1] Die beiden für die Uebergabsfrage erheblichen Stellen aus Morris' Tagebuch lauten (Sparks I, 457): September 27th. Mr. Parish and his son call on me this evening. He has adjusted with the Imperial Minister here, how Lafayette is to be delivered over. The Minister communicated M. de Thugut's letter, which says expressly, that M. de Lafayette is not liberated at the instance of France, but merely to show the Emperor's consideration for the United States of America. — October 4th. Dine with the Baron Buol de Schauenstein, the Imperial Minister. It is not till after five, that Mr. Parish sends word that Mr. de Lafayette and his companions are come and then I take the Baron down to perform the ceremony of delivering them over. His expressions are très mésurés and he goes through his part with dignity. — Endlich in einem spätern Brieffragmente an John Marshall schreibt Morris: notwithstanding this, it appeared to me, that M. de Lafayette chose to consider himself as freed by the influence of General Bonaparte, and I did not choose to contest the matter, because believing my application had procured his liberty, it would have looked like claiming acknowledgments. Had I known of the President's letter, I should certainly have connected with it the manner, in which he was delivered over and drawn the natural inference. Die Ceremonie der Uebergabe ist, wie ich weiter Sparks I, 458 entnehme, von Parish aufgezeichnet und in Philadelphia in dem mir nicht zugänglichen Port Folio publicirt worden: the letter of Mr. Thugut to Mr. Buol de Schauenstein is cited as containing the same language as that recorded in Mr. Morris' diary.

entfernte sich hierauf unmittelbar mit dem Major, um seiner Regierung Bericht zu erstatten.

Ich denke, ein Maler würde in dieser Uebergabsscene einen würdigen Stoff finden. Sie bezeichnet aber auch ein bedeutendes universalhistorisches Moment. Der hochadelige europäische Vertreter der politischen Ideen der Vereinigten Staaten wurde hier nach Weisung des niedriggeborenen und doch entschiedensten, gleichsam des einzig ebenbürtigen Gegners seiner Ideen aus dem Staate, der in eminentem Sinne die überlieferten europäischen Ordnungen zu bewahren und stetig zu entwickeln hat, wieder nach dem fernen Lande gewiesen, in welches seine Lehrmeinungen zu gehören schienen; aber die freundliche Form der Zurückweisung bedeutete an sich, wie mich dünkt, weit mehr als die Verträge mit der französischen Republik, die Annäherung, welche die Folgezeit vollzogen hat.

Anhang A.

Copie der von dem Herzoge Albert von Sachsen-Teschen dem Obristlioutenant von Mayer in Antwerpen und dem Major von Paulus in Nivelles ertheilten Instruction.

Registratur des Reichskriegsministeriums, 1792, Depart. Lit. A, n. 3372.

Mons du 24 Août.

Paulus hat die Gefangenen mit 50 Mann ungar. Infanterie, 30 Husaren, 12 Dragonern, nach Antwerpen zu escortiren, (was später in Bezug auf Lafayette contremandirt wurde); unter ihm steht der Hauptmann de Bethune; sa personne est particulièrement destinée à surveiller Monsieur de la Fayette.

Comme Monsieur de la Fayette et ces autres Messieurs refusent de donner leur parole [1] et qu'ils sont dans l'opinion, que c'est agir contre le droit des gens [2] de les avoir arrêté, Mr. le Major de Paulus leur déclarera, que Monsieur De La Fayette et ceux de sa suite ne peuvent nier avoir été jusqu'ici manifestement nos ennemis, qui nous ont fait la guerre, qu'ils ne viennent pas chez nous comme Emigrés, mais toujours imbus de leurs anciens principes, ils auroient continués d'être nos ennemis, s'ils ne risquoient d'être assommés aujourd'hui de la même populace, qu'ils ont soulevé contre leur Roy; qu'en outre ils sont venus sur nos avants-postes sans avertissement quelconque et sans en avoir obtenu la permission et que consequemment d'après toutes les règles de la guerre ils sont nos prisonniers.

---

[1] So schreibt auch Lafayette aus Nivelles am 26. August: on nous avait demandé notre parole comme à des prisonniers de guerre; j'ai répondu que je ne coopérerais pas à une injustice par mon assentiment, qu'on n'avait pas le droit de nous retenir. Mémoires III, 473.

[2] In dem von Rochefort 19. August datirten Gesuche der dreiundzwanzig Herren um freien Durchzug heisst es schon: qui réclament un libre passage que le droit des gens leur assure, und am 25. August schreibt Lafayette selbst einem Freunde: je crois qu'il est impolitique à la cour de Vienne, de violer le droit des gens envers nous. (Mémoires III, 409, 472). Bei dieser Meinung blieb er denn auch stets.

D'ailleurs, Monsieur de Lafayette et sa suite ayant voulu passer furtivement, s'accussoient par là eux-mêmes avoir prévu, que nous serions en droit de les arrêter et qu'enfin une trouppe de 50 personnes armées de toute manière ne pouvoient, surtout en tems de guerre, traverser librement aucun pays du monde et que chaque gouvernement étoit en droit de prendre dans ces tems de révolutions les précautions nécessaires vis-à-vis des personnes dont les sentimens n'invitoient pas à la confiance.

Comme Mr. de la Fayette et ces autres Messieurs refusent de donner leur parole c'est nous avertir de les bien garder. [Folgen die Vorsichtsmaassregeln.] D'ailleurs comme je ne puis disposer de leurs personnes avant d'avoir reçu les ordres de Sa Majesté l'Empereur je dois en être responsable et j'abandonne à Mr. le major de Paulus tous les moyens qu'il trouvera convenables pour la plus grande sureté. — — —

Les officiers de notre armée ou de l'armée Prussienne qui seroient envoyés à eux seront admis ainsi que les personnes envoyées de la part du gouvernement et du ministère Prussien, mais ni émigré Français,[1] ni bourgeois ou habitant de ce pays sans une permission signée du gouvernement ou du commandement général ne seront admis.

Anhang B.

Registratur des Reichskriegsministeriums, 1794, Depart. Lit. G, n. 1063. Copie.

Thugut an den Kaiser. Wien 25. Februar 1794.

"Allergnädigster Kaiser, apostolischer König und Herr! Euer Majestät habe ich bereits von dem durch den Marquis Lucchessini wiederholt geäusserten Begehren des königl. preussischen Hofes, von der fernern Gefangenhaltung des Lafayettes

---

[1] In der That rühmt Lafayette in einem Briefe an seine Tante vom folgenden Tage, 25. August 1794, aus Nivelles: On nous traite avec beaucoup de politesse et on a eu l'attention de défendre à tout émigrant à cocarde blanche d'approcher de nous. Mémoires III, 475.

und seiner Mitgesellen enthoben zu werden, die alleruntertänigste Anzeige gemacht.

Um die von Euer Majestät mir allergnädigst angedeutete diesfalls gewährige Willensmeynung zur Uebernahme gedachter, dermals in Schlesien befindlichen Gefangenen zu vollziehen, muss ich mir die bestimmte allerhöchste Befehle hierüber ehrerbietigst ausbitten, wegen den zur Uebergabe dieser Gefangenen preussischer Seits wie auch beim Generalcommando in Prag zu treffenden Veranstaltungen sowohl mit dem Hofkriegsrath das Einvernehmen zu pflegen, als an den Grafen v. Lehrbach zur Einverständniss mit dem preussischen Ministerium das Nöthige zu erlassen.

Baron von Thugut.

Wien den 25. Hornung 1794.'

Links in der Mitte: ‚Ich bewillige die Uebernahme dieser Kriegsgefangenen und haben Sie sich hierwegen mit dem Hofkriegsrath einzuvernehmen.

Franz.'

Anhang C.

Fluchtacten.

Nr. 1.

In den an den Kaiser gegangenen Acten des Staatsarchives über die Flucht findet sich auch das noch am 8. November 1794 mit dem Corporal Johann Platzer, 31 Jahre alt ‚vom 28. August 1793 bei dem hiesigen Staatsgefangenen qua diensttuender Profos kommandiert' aufgenommene Protokoll. Hiernach hat ihm der ungenannte Bollmann zugerufen: ‚gebe er nur den Mann, nämlich den Staatsgefangenen, her', der Andere (Huger) ihm, da er um Hilfe rief, während er Lafayette am Halstuch festhielt, ein Taschentuch in den Mund gesteckt. Er meint aber, dass er demjenigen, der ihm das Schnupftuch in Hals steckte, einen oder gar zwei Finger möge abgebissen haben;¹ ‚der habe dem Constituten den Säbel weggenommen

¹ In der That war keiner der beiden Helfer, sondern Lafayette selbst gebissen, wie aus seiner Vernehmung vom 9. December 1794 hervorgeht. Vgl. unten Nr. 5 S. 272.

und ihn ausgelassen'. ‚Dann steckte ihm der andere Mensch (also Bollmann) ein anderes Schnupftuch oder einen Handschuh tiefer in den Mund, so dass er nicht mehr rufen konnte'. — Inzwischen habe er sich ‚mit Lafayette bis zur Erde gebalgt' bis ‚ein Pferd ihn auf das rechte dicke Bein getreten', die zwei Fremden ihn auf den rechten Arm schlugen, so dass er loslassen musste. Er berichtet nachträglich, dass er an beiden Händen verwundet sei, wohl durch seinen eigenen ihm aus der Scheide gezogenen Säbel und ein Pistol. — Die Verwundungen werden constatirt. — Der commandirte Gemeine Johann Hartwich fuhr voraus, nach seiner Aussage: bis er den Lärm bemerkte, der ihm von einem Bauernstreite herzurühren schien: er findet den Handschuh, Säbel und eine geladene Pistole.

Der Präsident des Hofkriegsrathes, Graf Wallis, meldet an Thugut, dass auf Befehl des F.-M. Botta den sämmtlichen Staatsgefangenen ‚das Spazierenfahren und Spazierengehen eingestellt worden sei, auch dass Lafayette den Stadtverwalter von Braunseifen, der ihn sich vorführen liess, zu bestechen versucht habe'.

Die anliegende Resolutio Caesarea Regia besagt: ‚da durch diesen Vorgang sich abermals bestätigt, dass diese Staatsgefangenen nur auf List und Betrug sinnen, um die gute Art mit der sie behandelt werden, zu missbrauchen, so ist ganz recht geschehen, dass alles ihnen zu ihrer Gesundheit bis jetzt gestattete Ausfahren eingestellt worden ist.

Franz.'

Nr. 2.

Abschrift (Staatsarchiv).

‚Constitut

d^{to} Olmütz den 8. November 1794, welches aus Gelegenheit eines aus der hiesigen Staatsgefangenschaft entwichenen Franzosen mit den vier Bauern, welche den Gehülfen des Flüchtlings angehalten und eingebracht haben, aufgenommen worden, durch den Herrn FML. Grafen Arco und den Herrn Kreishauptmann Freiherrn von Dubsky.'

Zwei der Verhörten erzählen: ‚Wir fuhren heut Nachmittags gegen 3½ Uhr eben aus der Stadt und begegneten bei dem Trimitzer Wirtshaus dem militär-Viceprofossen weinend und ganz blutig, welcher sie flehentlich bath, entweder sich auf das Pferd zu setzen oder aber nur geschwind zu Fuss sich aufzumachen und denen französischen Deserteurs nachzusetzen, indem ihnen der Weg gut bezahlt werden wird. Hierüber liefen wir ihnen alle vier nach; und weil wir ihnen, da der eine zu Pferd gegen Sternberg in dem gestrecktesten Gallopp zuritt, der andere aber zu Fuss gegen die Heiligenberger Waldungen recht im Flug lief, zu Fuss nicht mehr nachkommen konnten, so rief ich, Norbert Teimer, dem Franz Ratschek, der eben auf dem Felde in der Arbeit war, aus vollem Halse zu, sein Pferd aus dem Pflug zu spannen, aufzusitzen und ihm nachzueilen; welches er auch sogleich befolgte, sich auf sein aus dem Pfluge gespanntes Ross sezte, ihm nacheilte und ihn auch glücklich im Walde anhielt, wo wir vier inzwischen ihm zu Hilfe liefen.'

Es folgt die Aussage von Wenzel Polzer, Knecht des bürgerlichen Bäckermeisters Franz Czasey, welcher Lafayette täglich spazieren fuhr.

‚Der Staatsgefangene, den ich heute führte, wollte nie wo anders als nach Qualkowitz und Klein-Wisternitz fahren und zurück über Bleich über das Wasser zum Burgthor herein; dieses fiel mir selbsten auf, und ich fragte dahero heut den Profoss, ob ich links oder rechts fahren soll und erhielt von ihm die Antwort: ‚Ihr wisst schon, dass dieser Herr keinen andern Weg als jenen nach Qualkowitz über Klein-Wisternitz fahren will'; ich habe also heute diesen Weg wieder eingeschlagen. Zu Qualkowitz beim Wirthshaus sagte der Profoss, ich sollte hier still halten und voraus bis Klein-Wisternitz fahren; sie würden aussteigen und mir zu Fuss nachkommen, weil der Weg zum spatzieren hübsch ist und sich der Arrestant gut ausgehen könne, damit ihm das Essen und Trinken gut schmecke. Ueber diesen Befehl hielt ich an. Der Profoss und der Staatsgefangene stiegen ab. Dem gemeinen Mann, der seit der Zeit als der neue Herr Festungscommandant hier ist, erst mit dem Staatsgefangenen fahret, weil vorher nur der Profoss allein mit war, gab der Profoss den Befehl, sich in die Kutsche zu setzen' u. s. w.

Nr. 3.

Copie. (Staatsarchiv.)

‚Löbliches Oberamt!

In der 7ten Stunde kam der hiesige Bürger Joseph Drechsler zu mir und zeigte an, dass er einen unbekannten Menschen auf der Strasse von Herzogsdorf gegen Braunseifen zu angetroffen habe, welcher ihm angesprochen, er möchte ihme reitend den Weg nach Neisse in preussisch Schlesien weisen, er wolle ihm einige Dukaten bezahlen. Er hat ihm dieses versprochen. Der Unbekannte bliebe bei einer Scheune, der Joseph Drechsler kam zu mir mit obiger Anzeige; da er beifügte, er habe einen prächtigen Engelländer, so befahl ihme, sein Pferd zu nehmen, sich zu der Scheuer ohne Verzug zu verfügen und mit ihme gegen Wagelsdorf zuzureiten. Ich nahme meine 7 Knechte, verfügte mich auf den Weg, welchen der Drechsler passiren sollte, und als er ankame, wurde er angehalten, zu mir geführt und um einen Pass gefraget und wer er seye.

In meinem Zimmer fragte er [1] dann ob ich der Bürgermeister seye; auf die Antwort ‚ja‘ nahme er mich bei der Hand und ginge in das andere Zimmer; er erklärte sich, er habe keinen Pass, er seye der bekannte Lafayette, ein Staatsgefangener aus Ollmütz, und seye heute nach Mittag in der 4. Stunde von dorten abgereist; dann fragte mich, ob ihm könnte gehen lassen; wenn ihm nach Preussisch Schlesien gehen liesse, so wolle er mir 1000 Stück Ducaten bezahlen. Auf die Antwort, dass ich dieses nicht thun könnte noch wollte, versprache mir in Gegenwart meines Schreibers 2000 Stück Ducaten und machte mir verschiedene Projekte wegen seiner Flucht von hier, wie ich mich ausreden könnte. Kurz, ich habe ihn in meinem letzten Zimmer; 2 Mann sind bei ihm in dem Zimmer, 2 Mann in dem mittlern Zimmer und 2 Mann auf der Gasse beim Fenster. Heute habe also eine schöne, ruhige Nacht. Ich bitte um Belehrung, wie, auf was Art er

---

[1] Ich. Hs.

nach Eulenberg gebracht werden solle, ob man ihn schliessen soll oder nur so per Kallesch mit hinlänglicher Bedeckung.

Braunseifen, den 8ten November 1794.

Jos. Richter,
Stadt-Verwalter.

P. S. Ohne Zweifel werden Sie wohl dieses Glück dem Herrn Commandanten in Ollmütz anzeigen. Er sagte, er seye spazieren geritten und auf diese Art entkommen.'

Nr. 4.

Copie. (Staatsarchiv.)

‚Aussage des Eullenberger Oberamtmanns Anton Cromer über die Art der vollführten Handfestmachung und Anherlieferung des entwichenen Staatsgefangenen La Fayette dd° 9ten 9ber 1794.

Laut der hier exhibierenden Originalbeilage und respective von dem Braunseifer Stadtverwalter Joseph Richter an mich abgestatteten Bericht Nachts um 12 Uhr, ist gestern der Braunseifer Bürger Joseph Drexler in der siebenten Stunde Abends zu dem besagten Stadtverwalter gekommen und zeigte an, er habe einen unbekannten Menschen auf der Strasse von Herzogsdorf gegen Braunseifen angetroffen, welcher ihn angesprochen, reitend den Weg nach Neisse in Preussisch Schlesien zu weisen, er wolle ihme einige Dukaten bezahlen; er, Drexler, habe ihme auch solches versprochen, und er begleitete ihn bis zu der ersten Scheuer bei Braunseifen. Dort sagte er, Drexler, zu ihm, Flüchtling, er seye ein Mann von Weib und Kindern und besasse eine Wirthschaft, die er nicht verlassen könnte; er wolle ihm aber deme ungeachtet einen Taglöhner nebst seinem Pferd zum Wegweiser geben, sagte ihme, er sollte nur hier bei der Scheuer seiner warten, bis er käme. Der Verdacht wachse in ihn immer mehr, weil er, Flüchtling, sehr gebrochen Deutsch sprach und man denen gesamten Unterthanen nachdrücklich eingebunden hatte, dass selbe vorzüglich auf jene fremde Leute aufmerksam seyn sollen, welche nur der französischen Sprache kundig sind oder gebrochen Deutsch reden.

Drexler ging also, ehe er nach seinem Taglöhner zu Haus
gewesen ist, zu dem Stadtverwalter Joseph Richter und zeigte
ihm diesen Vorfall an mit dem Beisatze, dass der Flüchtling
einen prächtigen Engelländer ritte, welches den Verdacht noch
mehr vermehrte. Der Stadtverwalter Richter befahl auf der
Stelle dem Drexler, sein Pferd zu nehmen und sich zu der
ihme angezeigten Scheuer zu verfügen, sofort ihme den Weg
gegen Weigelsdorf zu weisen und mit ihme neben seiner zu
reiten. Der Stadtverwalter aber nahm seine 7 Knechte zusammen und formirte ein ordentliches Piket an den Ort, wo
Drexler und der Flüchtling passiren mussten. Hier warteten sie
mit grösster Ungeduld. Als sie endlich ankommen, sprang
einer von denen stadtverwalterischen Knechten auf Befehl desselben zu dem Engelländer, griff in die Zügel und nahm ihn
mit Beihilfe der übrigen in Empfang, von wannen ihn der
Stadtwalter in seine Behausung nach Braunseifen führte. Als
er, Flüchtling, in sicherer Verwahrung war, fragte ihn der
Stadtverwalter, ob er einen Pass habe und wer er seye? Worauf
ihn der Ausreisser fragte, ob er der Bürgermeister seye. Auf
die Antwort Ja nahm er ihn, Stadtverwalter, bey der Hand,
gieng mit ihm in das Nebenzimmer, und bekannte, dass er
keinen Pass habe. In der Zwischenzeit suchte der Stadtverwalter Gelegenheit, aus dem Zimmer zu gehen und traf seinen
Handlungsschreiber Gourczelli im Vorhauss, welcher ihm beibrachte, der arretirte seye der Mons. de la Fayette, den
Gourczelli, als Fayette aus Preussisch Schlesien über Leipnick
nach Ollmütz transportirt wurde, auf den Pass[1] gesehen habe
und diesen nach seiner Gesichtsbildung wohl kenne. Auf
dieses seye Stadtverwalter wieder gleich in das Zimmer gegangen
und habe Arrestanten gefragt, ob er nicht La Fayette seye?
Ueber diese Frage seye der Flüchtling sehr erschrocken und
bekannte endlich, dass er wirklich der Staatsgefangene in
Ollmütz La Fayette seye. Er seye gestern in der 4. Stunde
Nachmittags von dort abgereiset; weiters fragte er ihn, Stadtverwalter Richter, ob er ihn nicht gehen lassen könnte; wenn
er ihm gehen liesse, so wolle er ihm 1000 Stück Dukaten
bezahlen. Auf die Antwort, dass er solches nicht thun könnte

---

[1] Bei der Durchreise.

noch wollte, versprache er ihm in Gegenwart obbesagten Handlungsschreibers Gourczelli 2000 Stück Dukaten und machte ihm verschiedene Vorschläge, wie er seine That rechtfertigen könnte; er seye ja aus Ollmütz, einer so wichtigen Festung, entflohen; wie könnte man ihme es dann so gar sehr übel aufnehmen, wenn er vorgebe, dass er, Flüchtling, auf diese oder jene Art auf dem Lande aus einem nicht so sehr verwahrten Hause zu entfliehen Gelegenheit gefunden habe. Er habe sich aber zu gar nichts überreden lassen, stellte in jedes der drey Zimmer, in welchen Flüchtling auf- und abgieng, zwey tüchtige Männer zur Wache und eben zwey derlei Männer unter die Fenster auf die Gasse, damit er von der ferneren Flucht gesichert seye. — Als Alles dieses in der Ordnung war, machte er sogleich die Anzeige hievon an mich und befragte mich (Hs.: sich) was zu thun seye. Der Both kam ungefähr um $12\frac{1}{2}$ Uhr nach Eullenberg, weckte mich aus dem Schlafe und als ich zu meinem nicht geringen Erstaunen aus dem Inhalt des Schreibens entnahm, dass La Fayette in Braunseifen angehalten und in Verhaft genommen, liess ich an der Stelle meine Pferde einspannen, fuhr selbsten nach Braunseifen und traf ungefähr um 2 Uhr daselbst ein, den Arrestanten aber schlummernd im Bette an; nach einer kurzen Weile aber erwachte er, und als man mir dieses anzeigte, liess ich mir ihn kommen und bedeutete ihm, dass er mein Gefangener seye und dass er sich gefallen lassen müsse, sogleich mit mir weiter zu fahren. Dieses geschah und ich fuhr mit ihm noch die nämliche Nacht unter Begleitung zweyer Jäger und drey Männer über Eullenberg nach Ollmütz. Bei meiner Ankunft übergab ich ihn sodann dem hiesigen löblichen Festungscommando und brachte unter Einem den Engelländer, den er ritt, mit.

In Rücksicht dieser bloss aus patriotischem Eifer so glücklich ausgeführten That, bitte ich dahero sowohl auf (sic!) den oft besagten Stadtverwalter als auch den Braunseifer Bürger Joseph Drexler und den Mitgehilfen in gnädigem Bedacht auf ihre Belohnung zu nehmen.

Anton Aloys Krömer,
Oberamtmann in Eullenberg.

Mit diesem wurde die aufgenommene Aussage beschlossen und dem Oberamtmann aufgetragen, über den Namen des eingebrachten Staatsgefangenen und so viel möglich über die ganze Geschichte das strengste Stillschweigen zu beobachten.

Ollmütz, den 9ten 9ber 1794.
                                                Dubsky.'

Aus den Acten der Registratur des damaligen Polizeiministeriums ergibt sich ferner, dass nach Krömer's von dem Statthalter Mährens Grafen Ugarte aus befürworteten und formulirten, von dem Polizeiminister Grafen Pergen dem Kaiser vorgelegten Antrage Josef Richter ‚Erbfogt und Stadtverwalter von Braunseifen' eine goldene Medaille, der ‚bürgerliche Rothgerbermeister zu Braunseifen' Josef Dröxler — wie er sich selbst unterzeichnet — zuerst nur vier Ducaten erhielt (auch das Archivsprotokoll des Ministeriums des Innern, Mähren n. 1794, ddo. 22. November notirt das); aber auf ein würdig gehaltenes Majestätsgesuch vom 17. December 1794, in welchem er darlegte, dass er keiner Geldentschädigung bedürfe, wurde ihm eine kleinere goldene Medaille verliehen. Die vier Bauern, welche Huger einbrachten, erhielten nach Ugarte's Antrag je drei Ducaten.

Nr. 5.

Der Fascikel 1795, Dep. Lit. F, n. 96, in der Registratur des Reichskriegsministeriums, besteht aus 69 Stück Acten, darunter die sämmtlichen Originalverhöre mit Bollmann und Huger, welche der Polizeiminister Graf Pergen am 9. Februar 1795 an den Feldmarschall Grafen Wallis als Hofkriegspräsidenten sendete; hier finden sich auch die beiden Verhöre, denen Lafayette in der Fluchtangelegenheit am 9. und 10. December 1794 unterzogen ward und am Schlusse des letzten sein Verlangen der Uebersendung einer Abschrift des Protokolls: ‚qu'une copie du dit interrogatoire soit rémise dans les mains d'un ambassadeur ou ministre des états unis d'Amérique'. Lafayette unterzeichnet hier, wie auf den vorangehenden fünf Bogen des Protokolls je am Bogenschlusse, dicht unter dem letzten Worte ‚Amérique'. Auf eine Erörterung der Gründe seiner Gefangenschaft ging die Commission nicht ein. Er selbst bestreitet Bollmann's Weisung nach Hof gehört zu haben, erkennt den Handschuh als den seinigen an und constatirt, dass Platzer ihn in den Finger gebissen habe.

Der ‚allerunterthänigste Vortrag' des Hofkriegsrathes an den Kaiser, der auf Grund dieser Actenstücke abgefasst wurde, ist unterzeichnet von ‚F.M. G. von Wallis' und darunter: ‚Gr. Ferraris' am 16. Januar 1795. Er wurde überreicht am 21., und kam am 24. Januar mit der kaiserlichen Entschliessung zurück. Er fasst auf neunundvierzig gebrochenen Folioseiten den Inhalt der Acten mit den entsprechenden Anträgen der Bestrafung der Militärpersonen zusammen. Es erhalten die Generale Baron Spleny und Graf Arco, als einander folgende Commandanten der Festung, wegen Nachlässigkeit Verweise; der Platzlieutenant Caspar Jacob wird mit vierzehntägigem Profosenarrest, Absetzung und normalmässiger Behandlung, d. h. Pensionirung, bestraft; der Corporal Johann Platzer erhält sechsmonatliche Degradirung zum Gemeinen, der Gemeine Johann Harwich (sic!), dessen Ausrede, er habe Bauerngezänk vermuthet, keinen Glauben findet, vierzehntägige Eisenhaft. Der Stabschirurgus Karl Haberlein, welcher aus Gutmüthigkeit gegen die Vorschriften gehandelt, Bollmann's Correspondenz mit Lafayette, ohne Ahnung von den mit Citronensäure geschriebenen Zusätzen, vermittelt hatte, erhält zu den bisherigen noch weitere vier Wochen Arrest in Eisen, doch das Recht zur Versetzung auf einen andern Posten auf eigene Kosten. Hierauf führt das Referat fort: ‚Bollmann und Huger gehören nicht zur militar Jurisdikzion, die Untersuchung über sie wurde von der politischen Behörde gepflogen und die Bestimmung des Grades ihrer Strafmässigkeit hat in den Würkungskreis des Hofkriegsraths keinen Einfluss'.

‚Nur Lafayette, insoweit man ihn als einen wirklichen Kriegsgefangenen betrachten will, gehört zum Militär'. Ein Entweichungsversuch bei einem durch kein Gelöbniss gebundenen Kriegsgefangenen sei nicht strafbar; aber ‚er hat den Profosen zu desarmieren getrachtet, er hat Hand an denselben geleget, sich mit demselben herumgebalget'; desshalb wird dreimonatliche Eisenanlegung beantragt: ‚es wäre dann, dass Ew. Maj. aus anderen politischen und in die künftigen Umstände Einfluss nehmenden Rücksichten es davon abkommen lassen und lediglich bey dem ohnehin beschränkten Verhaft bewenden zu lassen befinden dürften'. Die Entscheidung des Kaisers siehe oben S. 236 Anm. 3.

Nr. 6.
Registratur des Reichskriegsministeriums 1795, Dep. Lit. F, Bd. IV, pag. 681, praes. d. 18. Juny 1795,[1] n. 863.

‚Botta, Marquis F.-M., command. General in Mähren d^{to} Brünn den 16. Juny a. c. berichtet, dass nach Ausweis der sich zurückerbittenden Originalanlagen die der Aburtheilung des Politicums überlassene La Fayettische zwey Fluchtbeförderer Dr. Justus Erich Bollmann und Amerikaner Franz Kinloch Huger nebst der ihnen zuerkannten und von höchsten Orten bestättigten einmonatlichen Gefängnisstrafe auch zum Ersatz all jener Unkösten verurtheilet worden, welche dem aerario bey der Einbringung und Einlieferung des La Fayette selbst verursachet worden; und da also hierunter auch nicht nur die dem Untersuchungs-Praeside Obristlit. Geppert vermög Verordnung vom 21. Febr. N. 215 bereits angewiesene $^2/_3$ [tel] Gagezulage per 60 fl., sondern auch die von demselben ausgelegte Reisespesen begriffen sind, worüber das Reiseparticulare an die Hofkriegs-Buchhaltung abgegeben worden ist, so werde um die diesfällige Liquidirungsveranlassung das Ansuchen gemacht, damit solches zur Hereinbringung des ausfallenden Betrages für ersagten Obristlieutenant dem Olmüzer Criminalgericht übersendet und zugleich auch der Ersatz der von der Ehegattin desselben bereits empfangenen $^2/_3$ Gagezulage eingeholt werden könne, wo übrigens zugleich die mit obbesagter Verordnung vom 21. Febr. für das Olmützer Criminalgericht dahin mitgetheilte Verhör in Ansehung der Lafayettischen Entführungsangelegenheit wieder zurückangeschlossen werden.'

Anhang D.
Instruction Thugut's an Chasteler vom 21. Juli 1797.
(Staatsarchiv.)

‚La commission dont Mr. le général Marquis de Chasteler est chargé de la part de S. M. l'Empereur relativement aux

---
[1] Der Act selbst ist cassirt.

prisonniers d'État français détenus à la forteresse d'Olmutz roule sur deux objets.

Le premier a trait aux bruits et aux rapports qui ont été répandus avec tant d'affectation à l'étranger sur les prétendus mauvais traitements que ces prisonniers y auroient essuyés.

S. M. I. ne peut que juger tout ces bruits faux et calomnieux. Cependant ayant à cœur de se procurer tous les éclaircissements propres à les faire démentir et surtout à prévenir que par la suite les dits prisonniers par exagération, dépit ou esprit de vengeance ne se permettent de les accréditer et confirmer eux mêmes, Mr. le général est chargé de sommer Mr. et Mad{me} de la Fayette ainsi que Mrs de la Tour-Maubourg et Bureau de Puzy de déclarer les mauvais traitements dont ils croyaient avoir à se plaindre, de faire ensuite toutes les enquêtes et perquisitions nécessaires pour pouvoir apprécier la réalité et l'importance de leurs griefs, en leur confrontant au besoin les personnes contre lesquelles ils auroient articulé des plaintes.

Mr. le Marquis de Chasteler jugera bien lui-même, que cette enquête n'aura à porter que sur des objets, dont la réalité formeroit des sujets de grief justes et raisonnables. Il s'entend, que tout ce qui est à considérer comme une conséquence immédiate de la condition de prisonnier d'état ou des précautions que la sûreté de leur détention exigeoit, ne sauroit entrer dans un tel examen que pour autant, qu'on y auroit excédé sans nécessité et surtout, qu'on auroit contrevenu aux ordres donnés par Sa M. I. pour faire traiter les dits prisonniers avec humanité et avec des attentions pour leur soulagement et leur santé compatibles avec leur position. Ce n'est aussi que sous le même point de vue que pourront être envisagées les plaintes que pourra faire Mad{e} de la Fayette et que Mr le général M{is} de Chasteler examinera de même, si elles portoient sur des objets, qui lui parussent mériter d'être approfondis.

Comme cette dame et ses filles ont demandé comme une grâce d'être réunies à Mr de la Fayette, elles devoient s'attendre qu'une telle exception à l'usage général des prisons d'État ne pourroit avoir lieu, à moins qu'elles se résignent en même tems aux inconvénients et aux précautions auquels le régime d'une prison d'État et leur communication journalière avec Mr de la Fayette ne permettroient nullement de les soustraire.

Au cas donc que les griefs de toutes les personnes détenues mentionées n'aboutissent, ainsi qu'on devroit s'y attendre, qu'à des plaintes incompétentes ou insignifiantes, Mr. le général voudra bien faire dresser un procès verbal détaillant les points essentiels qui établiront la modération et convenance du traitement qu'elles ont éprouvé, et il les engagera à y apposer leurs signatures. Mais au cas qu'il se manifeste par ses enquêtes qu'il ait été controvenu aux ordres et aux intentions de Sa M. et qu'il ait été donné des sujets de griefs réels et notables à quelqu'une des dites personnes détenues, Mr. le gén. Mar^{is} de Chasteler en fera son rapport détaillé en y ajoutant ses idées sur la manière la plus convenable d'applanir pareils griefs et de parvenir à remplir le désir de S. M. d'obvier pour la suite à des éclats dont l'exagération ne feroit que confirmer de plus en plus les bruits calomnieux qui se sont répandus.

Quant au second objet de la commission, dont M^r le Mis de Chasteler est chargé par S. M. l'Empereur, il consiste à signifier a Mrs de la Fayette, de la Tour-Maubourg et Bureau de Puzy que, bien que la paix avec la France ne soit point encore définitivement réglée et que S. M. n'ait contracté aucun engagement pour leur delivrance, Elle se sentait néanmoins disposée à les faire élargir sans délai ultérieur; mais que l'incompatibilité des principes, qu'ils avoient professés et ne cessoient de professer hautement, avec ceux, qui font la base de la tranquillité des Ses Etats, mettoient S. M. dans le cas d'exiger d'eux la promesse par écrits, qu'ils se transporteroient comme ils l'avoient annoncé en Amérique ou pour le moins ne rentreroient en aucun tems dans ses provinces héréditaires sans une permission spéciale et qu'aussitôt qu'ils auront satisfait à cette condition, l'ordre pour leur mise en liberté avec les passeports et directions nécessaires pour leur voyage ultérieur seroient délivrés. — Il s'entend au reste que Mad^e de la Fayette et ses filles accompagneront Mr de la Fayette et que toutes les personnes détenues le seront par les domestiques entrés avec elles à la forteresse.

Vienne le 21 Juillet 1797.

le Bon de Thugut.

Anhang E.

Bericht Chasteler's an Thugut.
Olmütz, 26. Juli 1797. (Staatsarchiv.)

Monsieur le Baron!

En suite des Ordres de S. M. l'empereur et roy détaillée dans l'instruction que V. E. a bien voulu me remettre le 21. juillet de l'année courante, je suis parti de Vienne le 23. et suis arrivé à Olmütz le 24. les ordres du conseil de guerre[1] pour le commandant de la place ne m'ayant été remis que le dimanche à midi. Dès mon arrivée dans cette forteresse je me suis rendu chez Mr. le général major Mikowiny, qui y commande en l'absence de son Excellence Mr. le général d'artillerie baron de Schröder; comme la dépêche étoit adressée à ce dernier, qui étoit partis pour les bains de Trenchin, il fit quellesque (!) difficultés de l'ouvrir; mais lui ayant communiqué l'ordre du conseil aulique de guerre, dans lequel étoit inséré la copie de la lettre au commandant d'Olmütz, il l'ouvrit et comme il étoit neuf heures du soir, je remis au lendemain à dix heures à voir les prisonniers d'état en donnant ordre à Mr. le capitaine Mac-Elligot du régiment de Ligne, à qui leur garde étoit specialement confiée, de venir chez moi le lendemain au matin.

Le 25. au matin à 7 heures Mr. de Mac-Elligot se rendit chez moi; il me dit, que la garde des prisonniers lui étoit confiée depuis huits mois; sur les demandes, (que) je lui fis de leur traitement, il me dit qu'ils étoient gardé dans le corps de logis de derrière des cazernes du couvent des cy-devants Jesuites dans les chambres voûtées mais éllevées, bien airées et ayant une vue agréable et même très étendue, et tout le détail que V. E. trouvera dans les procès verbal du traitement des prisonniers d'état.

Pour faciliter les voyes je le priai de se charger à 8 heures au moment où il entroit chez les détenus pour leur porter à

---

[1] Die betreffende beiliegende Vollmacht des Hofkriegsraths, von Gerstenbrandt unterzeichnet, am 22. Juli 1797 ausgestellt, am 23. um 12 Uhr Mittags eingehändigt, ist wie die ebenfalls beiliegende Copie des Rescripts an den Commandanten von Olmütz, ohne Belang.

déjeuner d'un billet, par lequel j'annonçois à Mr. de la Fayette, que je serois chez lui à dix heures pour lui communiquer des choses importantes ainsi qu'à Madame de la Fayette et Messieurs de la Tour-Maubourg et Bureau de Pusy. A dix heures je me rendis au couvent des Jésuites. Monsieur le capitaine Mac-Elligot vint au devant de moi et me dit, que les prisonniers tiroient le meilleur augure d'une commission dont j'étois chargé. Je crois rapeller à V. E., que je comandois dans le pays et dans la ville de Namur, lorsque Mr. de la Fayette et ses compagnons d'infortune furent arrêtés à Rochefort; j'étois le premier comandant des troupes impériales, auquel ils furent amenés; et je fus chargé de leur garde à Namur jusqu'a ce que S. A. R. Monseigneur le duc Albert de Saxe-Teschen, alors gouverneur général des Pays-bas, aye décidé de leur sort. Je les traitai avec toute l'honnêteté que je cru leur devoir.

Pour réussir plus aisément dans les deux parties de la commission, dont sa Majesté l'empereur a daigné me charger, je crus convenable de parler d'abord à chacun des detenus en particulier. J'entrai d'abord chez Mr de la Fayette; il vint à moi d'une manière fort amicale; je lui dis que j'étois charmé que le choix de mon souverain fût tombé sur la même personne, qu'ils avaient déjà vu à Namur, pour une commission qui ne leur seroit pas désagréable, et après quelques propos obligeants de sa part je lui dis: S. M. I. désirant savoir la vérité des bruits, qui ont été répandus avec tant d'affectation chez l'étranger sur les prétendus mauvais traitements, que lui et les autres prisonniers d'état auroit essuyé, quoiqu'Elle soit porté à les croire faux et calomnieux, m'avoit chargé d'examiner la chose, qu'en conséquence je le sommais de me dire, sur quoi il avoit à se plaindre soit des personnes soit des choses. Il me répondit avec feu, que pour des mauvais traitements personnels il n'en auroit pas soufert; mais pour le reste il étoit on ne peut pas plus mal; que si ses amis avoient publiés des plaintes, ils ne pouvoient point avoir éxagéré, que dans aucun cas il ne vouloit les dementir; je lui dis d'entrer dans le détail de ses griefs, que j'étois là pour les examiner et pour les redresser. Il entra alors dans un détail imenses de petites incomodités: sur la situation de sa prison entre deux hôpitaux; me dit que l'on mettoit les morts presque sous ses fenêtres, que la cunette de la place qui fait égout étoit infect; que la double grille de ses fenêtres lui ôtoit l'air. Il ajouta: on a eu la barbarie de me laisser deux ans sans nouvelles de ma femme et de mes filles, pendant quelles étoient sous les couteaux des Jacobins; Latour-Maubourg et Bureaux de Pussy sont à trente toises de moi et voilà trois ans que je n'ai pus les voir. Je lui représentai, que le couvent des Jésuitez étoit situé dans l'endroit le plus éllevés de la ville; que sûrement ces religieux n'auroient pas fait un bâtiment aussi magnifique dans un endroit mal-sain; que tout les logements des chanoines du chapitre noble étoient sur la même exposition; il m'objecta différentes choses trop longues à rapporter.

Je passai ensuite au second point de ma mission et lui dit: Sa Majesté l'empereur d'après le desire, que vous en avez souvent manifesté, exigeoit de lui qu'il passa en Amérique. Mr de la Fayette me dit avec chaleur: l'Empereur m'a fait arretter en terre neutre contre le droit des gens; je n'ai aucun compte à lui rendre de ma conduite ny de mes projets ultérieurs; je ne veux prendre aucun engagement avec lui, qui sembla lui donner des droits sur ma personne; je vous dirai bien, comme à Mr. de Chasteler, ajouta-t-il, que mon dessein est toujours d'aller en Amérique; mais que privé de toutes nouvelles depuis près de 4 ans, je ne puis savoir dans quel état y sont mes affaires; je désirerois donc dans le cas, où S. M. l'empereur me rendit ma liberté, me rendre dans un port, à Hambourg par exemple, pour y attendre des nouvelles des Etats-unis. Enfin je lui dis: S. M. l'empereur, quoique la paix avec la France ne soit point encore définitivement réglée, quoiqu'il n'est contracté aucun engagement par rapport à votre liberté, se sent néanmoins disposée à vous faire élargir sans délai ultérieur; mais que l'incompatibilité des principes, qu'il avoit professés et ne cessait de professer hautement, avec ceux, qui font la base de la tranquillité de ses états, le mettoit dans le cas d'exiger, que vous prissiez l'engagement par écrit de n'entrer dans aucune de ses provinces héréditaires sans une permission spéciale, et qu'aussitôt qu'il aurait satisfait à cette condition, les ordres pour leur mise en liberté ainsi que les passeports et directions pour leur voyage ultérieur seroient délivrées, que Madame de Lafayette et mesdemoiselles ses filles accompagneront Mr. de Lafayette. Il reçut cette ouverture avec toute la joye posible. Sûrement dans aucun cas, me dit il, quand je serai sorti d'ici, je ne rentrerai dans les états de S. M. l'empereur; j'en prend l'engagement; mais, ajouta-t-il, j'ai des devoirs envers les Etats-unis, j'en ai envers la France ma patrie; cette dernière peut exiger de moi un service militaire, qu'aucun citoyen ne peut refuser; je pourrois être chargé d'une mission diplomatique; à ces deux cas près je prendrai l'engagement que vous me demandés. Je lui dis, que S. M. l'empereur attachoit sa liberté à cet engagement; que je ne le croyois pas tenté de reprendre le service militaire; qu'aucune cour ne recevoit d'agent diplomatique sans que sa personne ne fût agréable; que ces restrictions étoient inutiles, qu'elles ne faisoient que retarder son élargissement; mais il me dit qu'il les croient nécessaires à lui même; qu'au reste il me prioit de lui faire donner papier, plume et encre, qu'il pourroit alors donner par écrit ce qu'il scroit nécessaire par raport à son traitement et à l'engagement demandé. Je lui dis qu'il auroit d'abord ce qui lui scroit nécessaire et que je repasseroit sur les cinq heures du soir pour tâcher d'arranger les choses. Il me pria de le rejoindre à ses compagnons, je lui dis que le moment n'en est pas encore venu et nous nous separâmes.

    J'entrai chez Madame de la Fayette; elle loge avec ses deux filles dans une seule chambre à côté de son mari; comme elle comunique avec son mari aux heures du déjeuner, du diner et du souper, elle avoit été prévenue par lui en ma faveur; elle me reçut fort honnêtement; je lui dis également que je la sommais de me dire de quoi elle avoit à se plaindre dans une détention qu'elle avoit demandé comme une grace à S. M. l'empereur. Elle me dit, qu'elle n'avoit jamais pu obtenir deux lits pour ses filles, quoique l'une ayet eue une maladie contagieuse; qu'il étoit bien dur pour une mère d'avoir été privée des nouvelles de son fils; qu'elle avoit tâché de lui écrire sur la moitié d'une quittance à Mr. Parisch, consul Américain à Hambourg; mais que deux mois après le Commandant de la place Mr. de Schröder lui avoit raporté lui même les lignes écrites à son fils; quelle avoit écris à V. E. comme ministre des affaires étrangères, pour se plaindre de ce procédé; mais qu'elle n'avoit pas reçu de réponse; qu'elle et ses filles n'avoient ni couteaux ni fourchettes, qu'elles étoient obligées de manger avec leur doit; qu'elle étoient servie par un soldat malpropre et maladroit et des plus maussade; puis qu'il ne parloit pas; qu'enfin les médecins ayant dit, que le seul moyen de la guérir d'une maladie scorbutique, qu'elle avoit gagnée dans sa prison, étoit d'en sortir, la cour de Vienne n'avoit voulu lui accorder sa sortie qu'à condition qu'elle n'y rentreroit plus; que ç'avoit été demander sa mort, puisqu'elle étoit décidée à rester près de son mari. Elle se plaignit aussi du peu de savoir vivre du major Czermak, à qui leur garde étoit confiée. Je lui représentai qu'en demandant à être réunie à Mr. de la Fayette sa comunication journalière avec son époux exigeoit qu'elle fut soumise à toutes les précautions d'usage dans une prison d'état; qu'il étoit impossible d'y trouver toutes les attentions auxquelles le beau sexe a droit de s'attendre dans le monde; et que d'ailleur j'étois ici pour réparer après les avoir constaté les torts réels, qu'on auroit pu avoir envers elle.

Sortant de chez Madame de la Fayette j'entrai chez Mr. de la Tour Maubourg. Je lui fis les mêmes questions qu'à Mr. de la Fayette, il me répondit à peu près de même; il y mit seulement l'emportement de son caractère; je lui fis donner papier, plume et encre et promis de venir le revoir le soir à cinq heures. Il en fut de même de Mr. de Bureau de Pussy. Ses réponses plus mesurés n'en étoit pas moins énergiques; il apuya avec plus de feu et de fermeté que les autres sur la nécessité de réserver dans l'engagement qu'il prendroit de ne pas rentrer dans les états de S. M. l'empereur les droits de la nouvelle patrie qu'il adopteroit, si la France le repoussoit de son sein; je lui fis donner également les materiaux nécessaires pour écrire et lui promis de le revoir à cinq heures.

Je revins à cinq heures. Mr. de la Fayette me remit une petite note très exaltés que je joins ici sub litt. A[1] et puis une grande feuilles de plaintes, toutes plus frivoles les unes que les autres; je lui fis voir qu'elle tenoit toutes à sa condition de prisonnier d'état, que S. M. l'empereur avoit cru devoir lui

---

[1] Auf einem beiliegenden Blatte: litt. A deest. Das Stück ist, wie es scheint, noch unter Thugut's Verwaltung ausgehoben und nicht zurückgestellt, dürfte aber genau mit dem als déclaration remise à Mr. de Chasteler bezeichneten in den Mémoires de Lafayette IV, 297 stimmen.

imposer; que puisqu'il vouloit aller en Amérique comme il le
disoit lui même, je ne voulois que lui en faciliter les moyens
et qu'enfin les restrictions qu'il mettoit à l'engagement de ne
pas rentrer dans les états héréditaires le rendoit pour ainsi
dire nul.

Il me dit: je suis bien loin d'avoir de l'esprit de vengeance;
je serai fort aise d'être hors d'ici le plus tôt possible, mais je
ne veus poins faire de bassese; je désire me concerter avec
mes compagnons d'infortune pour concilier ce que nous devons
aux circonstances et ce que nous devons à nous mêmes; je vous
prie, Monsieur de Chateler (sic!), ajouta-t-il, de nous réunir; cela
nous raprochera et avancera plus les affaires que huit jours de
conférence isolées; je lui promis de lui faire savoir le même
soir ma résolution.

Je fus chez Mr. de la Tour-Maubourg qui me remit l'écris
cy annexe sub litt. B.[1] Mr. Bureau de Pusy me remit également
l'écrit sub litt. C.[2] Tout deux me proposèrent également
de lever dans une conférence comme la discution des griefs
et celle du modelle d'engagement à prendre par eux envers
S. M. I. de ne point rentrer dans ses états héréditaires.

Voyant dans ces deux écris la même exaspération et la
même exaltation, que dans celui de Mr. de Lafayette, et croyant
surtout m'appercevoir, que ce (se) mesurant réciproquement ils
ne vouloit pas faire le premier pas en avant pour le raproche-
ment, je fixai au lendemain 26 juillet à 7 heures du matin
une conférence général chez Mr. de la Fayette, où Mrs. de la
Tour Maubourg, Bureaux de Pussy, Madame de la Fayette,
Monsieur le capitaine Mac-Elligot et moi se rendoit pour convenir définitivement de nos fait. C'étoit le seul moyen de finir.

Le 26. à sept heures du matin je me rendis chez Mr. de
la Fayette avec le capitaine Mac-Elligot. Je fus (fis) chercher
successivement Mr. Bureau de Pusy et la Tour Maubourg et
après avoir laissé quelque tems à l'épanchement de la joye de
ces personnes de se voir la première fois depuis 38 mois la

---

[1] Liegt schön geschrieben und wesentlich inhaltsleer auf einem gebrochenen Folioblatte bei.
[2] Der klägliche Inhalt des beiliegenden enggeschriebenen Folioblattes ist belanglos.

session comensa; nous eûmes des différents griefs sur le traitement; je fis voir que presque la totalité portoit sur les inconvénients inhérent à la condition de prisonnier d'état, qu'ils jouisoit d'un local et d'une aisance raisonnable; après beaucoup de débats et de répétitions trop longues à répéter, nous convaime (convînmes) de la rédaction du protocol cy-annexe en original sub litt. D.[1] Il me paroit fixer les principaux points de la décence et de la modération du traitement des détenus; j'ai voulu toucher quelques autres point. Tout ce que j'ai pu obtenir c'est, qu'ils fussent omis. Le reste est signé de Mr. et Mde de la Fayette, de Mrs. de la Tour Maubourg et Bureau de Pussy.

La rédaction de l'obligation de ne plus rentrer dans les états héréditaires a souffert la plus grande difficulté; après vingt rédactions toutes plus inadmissibles les unes que les autres, après plusieurs projets de ma part, qu'i (ils) ne voulurent point admettre; malgré la déclaration que je leur fis, que je ne pouvois admettre aucune restriction; que tout changement pouroit retarder, par les modifications qu'il metroit aux ordre de S. M. l'empereur, le moment de leur mise en liberté, je fus obligé d'admettre les trois obligations cy-jointes sub litt. E, F et G [2] en original.

Je les ai cependant prévenus, qu'il seroit fort posible, que S. M. l'empereur n'admit pas la restriction sauf les droits de ma patrie sur ma personne; et que dans ce cas il seroit possible que leur détention fût prolongée jusqu'au moment où ils auroient signé l'obligation dont on leur enveroit le model.

Les détenus m'ayant temoigné le plus vif désir de revoir leurs domestiques, je leur ai fait venir; de même que sur leur demande il leur a été permis de diner et de passer le reste de la journée ensemble. M'ayant demandé la même faveur pour le reste du tems de leur détention, je leur ai répondu, que n'étant pas sûr, que S. M. l'empereur acceptât la restriction de leur obligation de ne pas rentrer dans ses états, je n'étoits pas autorisé à rien changer à leur traitement.

---

[1] Abgedruckt in: Lasteyrie, vie de M^{de} de Lafayette p. 479.
[2] Vgl. oben S. 248 Anm. 1.

Je les revis encore le soir à sept heures et je pars demain à cinq heures pour Vienne.

Dans le cas où il ne conviendroit pas à S. M. l'empereur de permettre au détenus de se rendre à Hambourg, on pourroit les expédier sur Amsterdam ou sur tout autre port de la Hollande.

J'ai l'honneur d'être avec le plus profond respect, Mr. le baron, votre très humble et très obéissant serviteur

Mis de Chasteler, Glm.

Olmütz de 26 Juillet 1797.

Anhang F.

Thugut an Buol-Schauenstein.
Wien, 9. August 1797. (Staatsarchiv.)

L'empereur voulant bien accorder à Mrs de la Fayette, de la Tour-Maubourg et Bureaux de Pussy, prisonniers d'Etat, détenus dans la forteresse d'Olmütz la liberté, dont par leur propre faute[1] et par des difficultés peu réfléchies élevées de leur part ils ont depuis quelque tems eux mêmes retardé la jouissance, Sa Majesté est disposé à[2] ordonner qu'ils soient conduits à Hambourg et remis à M. Parish, Consul Américain, pour en être transportés par ses soins en Amérique ou en Hollande et cela d'autant plus, que le gouvernement françois lui même s'est refusé à les recevoir sur le territoire de France.

Pour préparer d'avance les voyes à l'exécution de ses hautes intentions S. M. Vous charge, Mr. le Baron, de Vous adresser, dès la reception de la présente à Mr Parish, afin de concerter avec lui les moyens les plus propres et disposer tout de manière à ce que les dits trois individus avec leur suite, puissent, dans le plus court delai et sans depasser la huitaine après leur arrivée, quitter entièrement le territoire de l'Empire et se mettre en route pour leur destination ultérieure.

---

[1] Durchstrichen: ‚par leurs chicanes et leur conduite peu convenante', wofür Thugut eigenhändig ‚et par — — eux mêmes' schreibt.

[2] Von Thugut's Hand statt ‚a trouvé bon de'.

Je dois Vous prévenir à cette occasion, que le S⁺ Romeuf, ancien aide de camp de M. de la Fayette, se rend également à Hambourg chargé de parler et de convenir avec le consul américain des arrangements relatifs au même objet. Vous voudrez donc bien, Mʳ le Baron, d'agir (sic!) de concert avec lui auprès de Mʳ Parish, et dès qu'on sera d'accord sur le tout, me rendre compte de ce qui aura été arrêté définitivement, afin que les ordres nécessaires soient expédiés à Olmütz touchant le prompt acheminement des prisonniers susdits vers la Ville de Hambourg.

J'ai l'honneur d'être etc.

Anhang G.

Buol-Schauenstein an Thugut.
Hamburg, 19. August 1797. (Staatsarchiv.)

J'avois à peine reçu la depêche, dont V. E. m'a honoré en date du 9 du courant, que l'ancien Adjutant (sic!) de Mr. de la Fayette, le Sieur Romeuf, s'est présenté chez moi accompagné du fils de Mr. Parich (sic!), lequel m'a remis la lettre cijointe en original de Mr. son père.

L'officier français m'a aporté de la part de Mr. le Marquis de Gallo celle, que j'ai également l'honneur de soumettre ici à V. E.[1]

Quant au désir pressant exprimé dans la lettre de Mr. Parich, pour rendre le sieur Romeuf porteur de cette dépêche, celui-ci m'a fait connoitre que ce désir réposoit 1ᵐᵒ sur l'espoir de mettre une plus grande accélération dans l'exécution de l'ordre de Sa Majesté de rendre la liberté aux prisonniers d'Ollmütz et 2ᵈᵒ sur ce que Mr. Parish l'avoit chargé de leur offrir tous les secours pécuniaires et autres au nom et de la part des Etats unis.

Comme V. E. ne m'a point autorisé d'acorder à cet officier un passeport pour retourner à Vienne j'en ai décliné la demande, en l'assurant que je rendrois compte sans aucun délai et de ce dont il étoit convenu avec Mr. Parich, et de l'offre

---

[1] Fehlt in den Acten.

à faire de la part de ce Consul. L'Officier a reçu on ne peut pas mieux mes offres et s'est seulement borné à réitérer les plus vives instances, pour que je suppliasse V. E. de vouloir bien hâter le moment de l'élargissement des détenus et leur transport à Hambourg.

J'ose prendre la liberté de joindre ici ma réponse à Monsieur le Marquis de Gallo et une lettre pour Mr. de Blumendorf.

J'ai l'honneur etc.[1]

Anhang H.

J. Parish an Buol.
Hamburg, 19. August 1797. (Staatsarchiv.)

D'après la communication, que m'a donnée Mr. Louis Romeuf, Officier de l'Etat major de l'armée française, envoyé d'Italie à Vienne par les plénipotentiaires français, de l'audience que lui a accordé S. E. Mr. le Bon de Thugut, premier ministre de sa M. l'Empereur et Roy, et de l'engagement que S. E. a paru désirer de moi, avant que S. M. l'emp. et Roy fît ordonner la liberté des prisonniers d'Olmütz, je m'empresse de prouver à S. E. mon pressant désir d'y satisfaire et de répondre à la confiance dont elle m'honore dans cette circonstance.

Je promets donc et m'engage de tout mon pouvoir à déterminer en conséquence les prisonniers d'Olmütz à leur passage à Hamburg à s'éloigner de cette ville et de toute la partie de l'Allemagne de ce côté ci du Rhin, dix jours au plus tard après leur arrivé dans cette ville.

Je souscris avec autant plus d'empressement à cet engagement, que j'ai de fortes raisons que cela ne contrariera même en rien leurs intentions.

Je saisierai cette occasion, que S. E. M^r le Baron de Thugut a eu la bonté de m'offrir, pour lui présenter les hommages de ma reconnaissance et de celle des habitants des Etats-Unis d'Amérique.

Je demande avec instance à Monsieur le Ministre de Sa Majesté l'Empereur et Roy qu'il veuille bien faciliter, autant

---

[1] Der Brief ist von der Hand eines Secretärs geschrieben, von Buol unterzeichnet.

qu'il sera en lui, à l'officier francais Louis Rameuf (sic!) les moyens d'être lui-même le porteur à Vienne de la réponse à la mission, dont il a été chargé par Mr. le b⁰ⁿ de Thugut. Cette dernière faveur sera pour moi du plus grand prix et je prie d'avance Mʳ le Ministre d'en agréer ma reconnaissance.

J'ai l'honneur etc.[1]

Anhang 1.

Parish an Thugut.
Hamburg, 25. August 1797. (Staatsarchiv.)

Monsieur le Baron!

Mr. le ministre de S. M. I. et R. vous aura rendu Compte dans ses dépêches des arrangements pris relativement au passage des prisonniers d'Olmütz. Je l'ai prié de faire connoître a Votre Exc. mon empressement a me conformer aux ordres que vous lui aviés donnés à cet effet.

Qu'il me soit permis de rendre Mr. Louis Rameuf l'interprète des sentiments de reconnaissance que je dois à V. E. pour la marque honorable de confiance qu'elle m'a donnée dans cette occassion.

Mr. Rameuf aura l'honneur de rendre compte à V. E. des dispositions qui ont été prises pour que les prisonniers trouvassent à leur arrivée dans cette ville un vaisseau prêt à faciliter leur passage en Amérique.

J'ose demander à V. E. pour Mr. Louis Ramœuf la permission d'offrir au prisonniers, tant en mon nom qu'en celui des États-unis, les secours et les soins, qui pourroient leur être nécessaires, au moment de leur délivrance, quoique je ne doute pas, que V. E. n'aye fait donner les ordres pour pourvoir à leurs besoins. J'ose espérer, qu'elle ne me refusera pas la faveur de donner aux prisonniers cette marque de Mon attachement.

J'ai l'honneur d'être très parfaitement

Mr. le Baron

Votre très humble et très obéissant serviteur
J. Parish.

---

[1] Dieser, wie der folgende Brief sind von einem Commis geschrieben, von Parish nur unterzeichnet.

Anhang K.
Instruction des Hofkriegsrathes über die Entlassung der Gefangenen.

Reg. des Reichskriegsministr. 1797, G, Bd. 21, p. 4612, dd. 10. September.

‚Zur Begleitung dieser Gefangenen bis Hamburg wird der Major Auernhammer vom Staabs-Dragoner-Regiment fürgewählet und demselben über sein Verhalten bei diesem Auftrage eine Belehrung gegeben, welche in folgendem bestehet.

Die Reise von Ollmütz bis Hamburg, welche mit Postpferden zu geschehen hat, nebst den Zehrungsspeesen werde auf Kosten des Hofes aus dem Militärärarium bestritten, wozu ein Verlag von 4000 fl. aus dem hiesigen Kriegszahlamt gegen Verrechnung zu erheben seyen.

Während der Reise seyen die Gefangenen gut und so zu behandeln, dass sie an der Gemächlichkeit keinen Mangel leiden und in Ansehung der Kost so, wie bisher in Ollmütz geschah, verpfleget werden.

Die Entlassung aus dem Arrest und der Abgang von Ollmütz habe ohne alle Publizität und die Reise selbst mit Haltung ordentlicher Mittags- und Nachtstazionen in den Gasthäusern auf der geradesten Route, dabei doch so schleunig als möglich zu geschehen, wobei auf die thunliche Bequemlichkeit und Erhaltung der Gesundheit der Entlassenen zu sehen seye.

Ausser zwey Wagen, die sich die Marquise Lafayette anschaffen liess, seyen diese Gefangenen mit keinen Wägen versehen.' (Hiefür wird Vorsorge getroffen. Maubourg und Pusy fuhren mit Lafayette's; der Major folgte in einem dritten Wagen.)

Währender Reise seye darauf zu sehen, dass besonders in unseren Ländern von den Gefangenen weder ihre bedenklichen Bücher und Assignaten noch ungangbare Münzen ausgestreuet werden. So seye auch dafür zu sorgen, damit weder sie noch ihre Domestiken die Gelegenheit bekommen, Bekanntschaft oder heimliche Zusammenkunft mit unseren Unterthanen oder Landesbewohnern zu machen, diesen heimlich Briefe zu bestellen oder solche zu empfangen, sondern es müssten die von ihnen bestellten Briefe oder jene, so an sie einlaufen, allezeit zuvor anher mittelst einer Begleitung unterlegt werden.'

(Das Folgende der Instruction betrifft Meldungs-, Pass- und Verrechnungsfragen.)

Anhang L.

Thugut an Buol-Schauenstein.

Wien, 13. September 1797. Concept. (Staatsarchiv.)

En Vous accusant la réception de la lettre que Vous m'avés fait l'honneur de m'écrire le 19. Août dernier, je ne puis qu'approuver la façon, dont Vous vous êtes expliqué vis-à-vis de M. de Romeuf sur le désir, qu'il Vous a (durchstrichen: montré) marqué de se rendre à Ollmütz; son empressement d'y joindre les prisonniers d'état françois, aurait à coup sûr manqué son effet, non seulement à cause de leur départ très rapproché pour Hambourg, que parce que le négociant Hirsch a été authorisé par M. Parish à fournir l'argent nécessaire aux dépenses particulières de la famille de la Fayette, dont le transport se fera aux frais de la Cour.

L'intention de S. M. étant que le départ de ces prisonniers ait lieu (durchstrichen: ‚sans‘ und ‚incessament‘; von Thugut's Hand die zwei nächsten Worte darüber geschrieben) sans retard; on vient de faire toutes les dispositions pour en accélérer le moment. Ils seront accompagnés d'un officier intelligent et de confiance, qui a ordre de Vous avertir sur le champ de leur arrivée à Hamburg. Entretemps Vous pourrés lui observer à cette occasion, que Sa Majesté, n'ayant contracté aucun engagement positif avec les François touchant l'elargissement des prisonniers susdit, (durchstrichen: ‚Elle n'a été portée à cet acte de Bienfaisance que par‘) le motif de l'intérêt particulier, que les États unis de l'Amérique paroissent y attacher, (am Rande von Thugut's Hand das Ende des Satzes:) a beaucoup contribué à porter sa Majesté à cet acte de bienfaisance; qu'au reste sa Majesté sera toujours bien aise, de (durchstrichen: ‚leur‘) donner (von Thugut's Hand am Rande bis ‚des‘:) aux états unis de l'Amérique dans les occasions des marques réelles de son amitié et de sa bienveillance.

Quant aux expressions obligeantes, dont Mr. Parish s'est servi à mon égard dans la lettre qu'il Vous a adressée, Vous voudrés bien, Mr. le baron, lui en témoigner toute ma sensibilité et relever en même temps la manière honnête et prévenante, avec laquelle il s'est prêté à l'arrangement proposé, par lequel l'affaire des prisonniers va être conduite à la fin desirée.

J'ai l'honneur d'être etc.

Anhang M.

Romeuf an Thugut.

17. September 1797. (Grobes Papier in Folio. Wasserzeichen: zwei gekreuzte Schwerter. Staatsarchiv.)

Monsieur le baron!

D'après la parole positive, que j'ai reçue de votre excellence et dont le directoire Français a dû être instruit par les plénipotentiaires de la République, à qui je rendis compte[1] de ma mission, je ne puis attribuer le retard de la délivrance des prisonniers d'Olmutz qu'à celui des postes, dont votre excellence a eu la bonté de me prévenir. Je m'empresse donc de lui répéter que ses instructions ont été parfaitement remplies; que le ministre de Sa Majesté I. et R. m'a confirmé ce que je sçavais déjà, que l'écrit sousrit à Hamburg était exactement conforme à ce que vous aviez jugé à propos d'exiger avant de mettre les prisonniers en liberté.

Cette dépêche du ministre de S. M. I. et R. avec la déclaration requise par votre excellence est partie d'Hambourg le 20 aoust[2] et a dû parvenir à Vienne le 27. Elle ne peut avoir éprouvé qu'un retard; car outre que je ne me permets pas de penser, que les postes impériales s'avisassent de supprimer la dépêche d'un ministre de l'Empereur à votre excellence, Mr de Buhol m'a assuré lui-même, qu'elle lui parviendrait sûrement le 27. Je me suis arrêté à Dresde auprès des familles La Tour Maubourg et Pusy, ne doutant pas d'y apprendre en arrivant la délivrance des prisonniers.

La réponse du général La Fayette ne m'est pas parvenue; mais comme il est impossible d'après la nature de ma lettre et celui de l'arrangement qu'elle contient, qu'elle renferme rien,

---

[1] Dieser Bericht sollte doch wohl noch in Paris zu finden sein.

[2] Womit sich denn das falsche Datum dieses Briefes vom 17. August statt 17. September von selbst richtet.

qui puisse y mettre obstacle, je ne regrette de ne l'avoir pas reçue, que par le plaisir particulier, qu'elle m'aurait fait et j'espère que votre excellence voudra bien me la faire tenir. Mais ce que je lui demande surtout, c'est de vouloir bien me mettre à portée de rendre compte aux plénipotentiaires de la république de la délivrance des prisonniers, que vous avez promis si positivement d'effectuer, aussitôt qu'on auroit rempli à Hambourg la condition, qui l'a été exactement et à la satisfaction du ministre impérial. Je suis d'autant plus pressé de les en assurer moi-même que dans le cours du voyage que j'ai entrepris et que vous avez bien voulu diriger, j'ai sçû non seulement par les nouvelles publiques, mais de la part du ministre des relations extérieures, que le directoire exécutif avait fait à cet égard une nouvelle démarche auprés de sa Majesté l'Empereur et Roi.[1]

Je demande à votre excellence la (radirt über der Zeile: réponse) permission de joindre ici une nouvelle lettre de Mr. Parish; elle est une confirmation de l'engagement déjà adressé à votre excellence. Je l'adjure avec instance de ne pas rejetter sa demande; cette faveur sera pour moi au dessus de tout prix et j'en conserverai une vive reconnoissance. Mais dans le cas, où votre excellence ne jugerait pas à propos de me l'accorder, je la prie de vouloir bien me faire expédier un passeport, pour que je puisse me rendre auprès de mon général en Italie par la voie la plus prompte. Je suis avec respect

de votre excellence le

très humble et très obéissant serviteur

Louis Romeuf.

Dresde, le 17 Aoust 1797 (v. s.)

---

[1] Die Acten enthalten kein solches Schreiben des Pariser auswärtigen Amtes. Es liegt vielleicht von Seiten Romeuf's eine Verwechslung mit dem ganz erfolglos gebliebenen Schreiben Carnot's als Präsidenten des Directoriums an General Bonaparte vom 7. August 1797 vor (Mémoires IV, 293), auf schleunige Befreiung der Gefangenen zu dringen. Wie wenig sich dieser an solche Verfügungen kehrte, zeigt Lanfrey, Geschichte Napoleons I., übersetzt von Glümer, I, 223 f.

Anhang N.

Buol an Thugut.

Depeschen aus Hamburg vom 27. September bis 4. November 1797. (Staatsarchiv.)

Nr. 1. — 27. Septembre 1797.

Je venois seulement d'expédier mes dépêches de ce jour d'hui, lorsque Mr. Parich (sic!) se fit annoncer chez moi; je lui ai d'abord lu le rescript de V. E.; il m'a paru bien apprécier les expressions infiniment obligeantes qu'il renferme pour les Etats-unis de l'Amérique aussi bien que pour son particulier et m'a prié de Lui présenter l'hommage de sa profonde reconnoissance. Nous convînmes ensuite, qu'il se rendroit en ville [1] pour recevoir les prisonniers d'état dans sa maison; je me suis engagé en conséquence d'écrire à Mr. le Comte d'Eltz, pour le prier de prévenir l'Officier qui doit les accompagner, de m'avertir à temps du jour de leur arrivée, pour pouvoir le faire connoître à Mr. Parich, qui m'a temoigné au surplus le désir, que j'empêchasse que les noms des prisonniers ne fussent pas donnés à la porte, pour obvier aux importuns mouvements des curieux. Cet ancien consul a fini par me représenter que, vu la saison de plus en plus avançante, il ne seroit plus possible que Mr. de la Fayette s'embarquâ pour Philadelphie et qu'il se pourroit aussi que les événements trop étranges qui étoient survenus à Paris le 4.[2] ne permissent pas son voyage en Hollande, de sorte que les circonstances pourroient rendre absolument nécessaire de prendre un troisième partie; qu'il m'invitoit en conséquence, de demander l'agrément de V. E. pour le projet qu'il avoit de faire séjourner en attendant la famille de la Fayette à Ploen en Holstein, agrément dont il n'entendoit profiter qu'en autant qu'il n'y auroit pas moyen de réaliser l'engagement pris du transport ultérieur soit vers la Hollande soit vers l'Amérique. J'ajouterai qu'il me semble que Mr. Parich est très sincèrement disposé à ne point prolonger le séjour de ces hôtes dans ces contrées-ci. Je supplie

---

[1] Sein Landsitz war Neuensteden, dessen Morris' Correspondenz oft gedenkt.
[2] Der Staatsstreich vom 18. Fructidor. Sybel, Revolutionszeit IV, 582 f. und über den Zuzug der Emigranten vor demselben die anschauliche Schilderung bei Wattenbach, Heidelberger Jahrbücher 1870, S. 727 f.

V. E. de vouloir bien me donner ses ordres à cet égard et d'accueillir l'hommage du très profond respect avec lequel j'ai l'honneur d'être, Mr. le Baron, de V. E. le [1] très humble et très obéissant serviteur Buol-Schauenstein.

Nr. 2. — 4. October 1797.

Je m'empresse, Mr. le Baron, d'avoir l'honneur de rendre compte à V. E. de l'arrivée des prisonniers d'Ollmütz, qui a eu lieu ce soir et a été incessamment suivi de leur remise à l'ancien Consul américain Mr. Parich, en lui rappellant les engagements contractés à cet égard. Ces François se louent beaucoup des procédés de Mr. le Major d'Auracher (sic!) qui a été chargé de les accompagner. Cet officier m'a prié d'en faire part à V. E. et ose attendre de sa bonté qu'Elle daignera le faire connoître au conseil de guerre.

Mr. Parich a eu soin de leur faire occuper encore aujourd'hui leur quartier, situé hors de la ville d'Altona et par conséquent moins à portée des importuns mouvements des curieux, qui heureusement ont été écartés ici par les dispositions prises d'avance à cet effet.

La santé de Mad° de la Fayette ne permettra pas, à ce que je présume, son embarquement pour l'Amérique, circonstance qui amènera le cas de prolonger le séjour de toute la compagnie dans ces contrées-ci; je prends la liberté de me référer à ce sujet à la dépêche du 27 du mois passé. J'ai l'honneur etc.

Am 21. October 1797 beschwert sich der Gesandte, dass noch vor Ankunft der Entschliessung Thugut's, die Familie Lafayette vor etwa vierzehn Tagen (il y a environ quinze jours) nach Ploen gegangen sei. Parish habe sich nicht einmal die Mühe damaliger Benachrichtigung gegeben. Beiliegend folge eine Schmähschrift über ihre Gefangenschaft, die übrigens in den Acten fehlt. Im Ganzen sei der Aufenthalt in Ploen erwünschter als näher bei Hamburg oder in Kopenhagen.

Nr. 3. — 28. October 1797, ganz eigenhändig.

J'ai reçu Mercredi passé au soir la dépêche, que V. E. a bien voulu me faire adresser en date du 14. avec l'incluse

---

[1] Nur von hier an eigenhändig.

pour Mr. Parish; cet ancien consul m'a remis hier l'original de la lettre, dont j'ai l'honneur de joindre ici copie, me priant, Mr. le baron, de Vous rendre compte de son contenu.

J'ai profité de cette occasion, pour témoigner à Mr. Parish ma juste surprise de ce que les ci-devant prisonniers au lieu de sortir de Hambourg le soir même de leur arrivée, ainsi qu'il me l'avoit bien formellement promis — en m'engageant encore d'obtenir que les portes de la Ville se fermassent plus tard que de coutume et que je l'avois mandé en conséquence à V. Excellence en date du 4 — devoient néanmoins y avoir passé deux jours, qu'au surplus Mrs. de la Tour-Maubourg et de Bureau de Pusi avoient séjournés depuis à Altona où le dernier étoit encore actuellement.

Mr. Parish me protesta, que, bien loin d'avoir voulu m'induir en erreur, il étoit lui même sorti de la Ville le 4. au soir dans la persuation d'autant plus ferme, que les prisonniers le suivraient incessament, que ceux-ci l'avoient prié de leur obtenir une nouvelle prolongation du terme de la fermature des portes, prétextants qu'ils ne pouvoient se passer de se présenter chez le ministre de France; qu'il avoit obtenu en vain cette prolongation et dû payer leur indiscrète dépense de 100 ducats fait ici à l'auberge en deux jours, après lesquels ils s'en alloient habiter un village nommé Poppenbüttel à quelques lieues d'ici d'où ils s'étoient enfin rendus à Witmold près de Ploen auprès de M⁵ de Tessai leur parente. Quant au séjour, que ferent (firent) La Tour-Maubourg et Bureau de Puci à Altona[1] et que ce dernier y continue encore à cause de son enfant inoculé, M⁵ Parish m'assura n'en avoir été aucunement prévenu et n'avoir d'ailleurs reçu aucune nouvelle avant la lettre ci jointe, qui lui étoit seulement survenue hier, qu'il se rendroit incessament à Altona pour exhorter Mr. de Bureau de Puci de joindre au plus tôt la société à Witmold.

Pour ce qui est des détails de la remise de ces ci-devant prisonniers, il ne me reste plus rien à ajouter au compte que j'ai eu l'honneur d'en rendre à V. E. en date du 4. si non que M⁵ Parish s'étoit rendu en ville dès la veille, conformément aux arrangements rapportés en date du 27 September, et

---

[1] Genauer in Ottensen. Wattenbach a. a. O. S. 732.

qu'après avoir dîné chez moi le lendemain nous nous rendîmes chez lui, où nous trouvâmes Mʳ et Mʳ de la Fayette, ses deux filles et de plus Mʳ Mauris (sic!), ancien ministre d'Amérique à Paris; le Sʳ Parish fit passer les prisonniers dans un appartement séparé où, après m'avoir été présenté par Mʳ le Major d'Auerhammer, je les lui remis en lui rapellant les engagements contractés à cet égard, après quoi je me retirai aussitôt avec le Major pour expédier sans délai ma dépêche du 4.

J'attends les ordres de Votre Excellence, qui me prescrivent ce que j'aurai à faire connoître à Mr. Parish sur la lettre des ci-devant prisonniers.

J'en prends la liberté de joindre ici une dépêche pour le conseil de guerre, suppliant V. E. d'agréer l'hommage du profond respect, avec lequel je suis, Mr. le baron, de V. E.

le très humble et très obéissant serviteur

Buol-Schauenstein.

Hambourg le 28 Oct. 1797.

Die Depeschen vom 31. October und 4. November 1797 enthalten nur: jene die Benachrichtigung, dass die am 16. October für die Gefangenen abgesendeten Briefe Parish übergeben, diese, dass sie von Parish besorgt seien, dessen Brief beiliege.

Anhang O.

Thugut an Parish.
Wien, 14. October 1797. (Staatsarchiv.)

À Mr. Parish, Consul des Etats-unis de l'Amérique.
Le 14 Octobre 1797. (Concept.)

Lors de la réception de la lettre que Vous m'avés fait l'honneur de m'adresser le 25 Août dernier et qui ne m'est parvenue que vers la fin de Septembre, les prisonniers d'Olmütz partis le 19(?) du même mois, avoient déjà dépassé la ville de Dresde, pour continuer leur voyage à Hambourg, où dans ce moment ils doivent être arrivés.

Entretemps Vous aurez appris, Mʳ, par le Baron de Buol que non seulement il a été pourvu aux besoins des prisonniers et leur transport fait au fraix de ma[1] cour, mais qu'au[2] surplus on a permis au négociant Hirsch de fournir conformément à Vos desirs, l'argent nécessaire aux dépenses que la famille de la Fayette seroient dans le cas de faire pour des objets de commodité et d'agrément. Le même ministre Vous aura fait connoître la déférence particulière de S. M. pour l'interêt que les Etats-unis de l'Amérique ont paru attacher à la mise en liberté des dits prisonniers, ainsi que toute ma sensibilité sur la manière obligeante, avec laquelle Vous Vous êtes exprimé à mon égard dans votre lettre à M' de Buol.

Vous voyés, M', par ces détails qu'on a prévenu[3] en tout vos désirs touchant la famille de la Fayette; et quant au dessin de M. Romeuf, il n'a pas dépendu de vous de le réaliser, car à peine s'est-on occupé ici des mesures de précautions usitées en cas pareils pour lui faciliter son retour en Italie, qu'on a reçu l'avis que, sans attendre les passeports nécessaires, il est reparti de Dresde pour suivre Mr. de la Fayette, de façon qu'il semble avoir abandonné ou suspendu au moins pour quelque temps l'exécution de son projet.

Je suis au reste très charmé, Mr., d'avoir été à même de concourir à ce qui Vous est agréable et je saisis avec plaisir cette occasion pour vous renouveller l'assurance de
  la considération distinguée avec laquelle
   j'ai l'honneur d'être etc.
          Thugut.

Anhang P.
Wallis an Thugut.
2. November 1797. Reichskriegsministerium. Registratur des J. 1797, Lit. G, n. 10850. (Originalact.)

„An den Herrn Minister Baron Thugut. Wien den 2ten November 1797.

Tit. ist bereits von demjenigen die Mittheilung geschehen, was der kaiserliche Herr Minister in Hamburg Baron Buol-Schauenstein wegen der durch den Major Auernhammer von

---

[1] Correctur für notre.
[2] Correctur für qu'on.
[3] devinó durchstrichen.

Olmütz nach Hamburg überbrachten französischen Staatsgefangenen und des von demselben bey diesem seinem Auftrag beobachteten guten und klugen Betragens dem Hofkriegsrath zu vernehmen gegeben hat.

Nun hat der am 22. October hier zurück eingetroffene Major Auernhammer die anschlüssige[1] Relation eingereicht, welche nebst dem Erfolg seiner Reise insbesondere zu ersehen gibt, wie die Gefangenen unterwegs sich betragen haben, in Dresden von den Gattinnen und Kindern des Mauburg und Bussy, einem Adjutanten des französischen Generalen Bonaparte und zwey vormals bei dem Marquis Lafayette gestandenen Adjutanten erwartet worden sind, Marquis la Fayette in Halle einen Besuch von Professoren und von Studenten eine Nachtmusik erhalten hat, sonst aber auf der ganzen Reise nichts von Erheblichkeit vorgefallen ist.'

(Das Folgende enthält Verrechnungsfragen. Der Major erhielt noch 88 fl. für die Rückreise.)

---

[1] Fehlt.